12 Steps for Social Project in SDGs Age

ソーシャル・プロジェクトを成功に導く12ステップ

コレクティブな協働なら解決できる！
SDGs時代の複雑な社会問題

佐藤真久 × 広石拓司

はじめに

むかしむかし、ある村で、
たくさんの人が飢えや貧しさで困っていました。
それは悪魔が人々の食べ物を奪っていくからでした。
その村に一人の勇者がやって来ました。
勇者は人々が苦しんでいるのを見て、
彼らを助けようと悪魔に戦いを挑みました。
勇者は悪魔と戦い、ついに悪魔を退治しました。
そして、村はみな豊かな暮らしができるようになり、
誰もが幸せに暮らしました。

　このおとぎ話で、勇者が村の人たちを助けることができたのは、なぜでしょうか？

　悪魔に挑む勇気があったから？　悪魔に勝てるだけ強かったから？

　それもありますが、それ以上に大切なことは、「問題の原因が悪魔だ」と明確で、悪魔を倒せば問題が解決できるとわかっていたからでしょう。

　私たちは問題に出会った時に、何が原因なのか、何をやっつければ変わるのか、そのように考えてしまいがちです。

　今、社会で起きているたくさんの問題、例えば子育てストレス、介護負担、貧困、地域活性化、気候変動、国際紛争などの問題についても、"悪魔探し"が行われがちです。「資本主義が悪い」という人もいれば、「大企業や大富豪が悪い」「政治家が悪い」という人もいます。社会問題までいかずとも、地域や組織の問題に対して「あのリーダーが悪い」「若者がやる気がない」といった悪者探しをしてしまいがちです。

　しかし、一生懸命に悪魔、悪者を探したとしても、現代の問題は、何が悪いのか、何が原因なのか、一つに定められず、よくわからないのです。資本主義は多くの問題を起こす原因となっていますが、今の豊かさや便利な生活を生み出してきたものでもあります。もし、特定の富豪や政治家が悪いとして、その人をやっつけたとしても、別の富豪や政治家

が同じような問題を起こしてしまうかもしれません。子育てについても保育園が足りないことが問題となりますが、保育園さえあれば子育てストレスがなくなるわけではありません。夫婦の協力やそれぞれの会社での働き方、家族や地域のつながり方など、多くの要素が必要です。

　このように、これまで数多くの人たちの努力があったにも関わらず、未だ解決できず、残されてしまっている問題は、誰か特定の悪い人や一つの原因が起こしていることではなく、一人の人や一つの原因を取り除いても解決や改善につなげることができないものなのです。それらの問題には複数の要素が関係しています。しかも面倒なのは、例えば「資本主義」がそうであるように、一つひとつの要素には良い面も悪い面もあり、要素が相互に影響しあう状況によって、悪い面の影響が強く出てしまうのです。

　このように、何か一つの原因を取り除く対応では解決できず、複数の要因が相互に影響しあって生じる問題は、"複雑な問題" と呼ばれています。私たちは難しい問題に出会うと、何かを悪者にする、もしくは問題を分解して要素にするなど "単純化して" 考え、「悪者や一番の原因をなくす」というシンプルな問題解決を考えてしまいがちです。しかし、"複雑な問題" は、複数の要因の相互作用の結果として生じているため、単純化やシンプルなアプローチでは解決できません。そのような問題を解決するには、複数の解決策が相互作用しながら問題に対応できる状況をつくる、言い換えるなら "問題に対応できる社会システム" を生み出す必要があるのです。

「問題の解決には社会システムを変える必要がある」と聞くと、「えっ？私は "子育て" という具体的な問題を解決したいだけなのに」と思う人もいるかもしれません。社会システムを生み出す解決策といわれると、「大きすぎて、自分には無理」と感じてしまう人も多いでしょう。それは、私たちが "社会" を「複雑で巨大な機構」のように捉え、巨大工場の製造に一つの部品が影響を与えるのが難しいように、個人のできることは "ちっぽけな" ものだと思ってしまうからではないでしょうか。もし、巨大な社会に一人で挑んだら、"ちっぽけな" 力は何の効果も持たないでしょう。

　しかし、私たちは、自分が "ちっぽけな" 存在だと気付いているからこそ、

他の人の力を借り、たくさんの人とつながって問題に挑むことができます。例えば、一人の起業家のアイデアが人や資金を集めることで、やがて大きな影響力を持つ企業になっていけるように、個人の持つ思いやアイデアが広がり、様々な専門を持つ多数の人たちとつながり、連動することができれば、大きな影響力を持てる可能性があります。"複雑な問題"に挑む時、私たち一人ひとりにできることが"ちっぽけな"ことだからこそ、多くの人が参加でき、多くの人の力を活かせる可能性があるのです。会社員も、地域活動の担い手も、政府・自治体の職員も、大学など専門機関の人も、自分の経験やアイデア、できることを持ち寄ってつながり、連動して動いていく中で、それぞれの問題対応力が高まり、問題に対応できる仕組みも整っていく。それが成功した時が、"問題に対応できる社会システム"を生み出せた時ということができるでしょう。

　著者の二人は、20年来、環境問題や福祉、地域づくり、国際協力など多様な社会問題に対する数多くの問題解決プロジェクトに、時に現場で自ら実践する立場で、時にコンサルティング・アドバイス・評価をする立場として、また担い手育成の立場で関わってきました。扱う組織も大企業、中小企業、NPO、個人の社会起業、協同組合、中央政府、自治体、地域組織、大学・研究機関、国際機関など多様であり、事業規模も何億円ものビジネスからボランティア活動まで、多種多彩の取組みに関わってきました。

　その経験からいえることは、「誰か一人の力で問題が解決することはない」ということです。社会・地域の問題に対して、どんな優れた人でも一人では"ちっぽけな"存在に過ぎません。問題解決が進む時には、いつも、社会・地域の問題に向きあう多様な人や組織が参画し、協働しながら進め、新しいアイデアや仕組みが生み出されていく"ソーシャル・プロジェクト"が効果的に動いた時でした。

　そして、ソーシャル・プロジェクトには多種多様なものがありますが、効果的に動き、成果を生むには何が必要なのか、共通項を探ろうと、実践をふりかえり、理論を参照しながら経験知を積み重ねてきました。そこで見えてきたのが3つの大きなポイントです。

　1つ目が"協働ガバナンス"です。プロジェクト・マネジメントが注

目されることが多いのですが、プロジェクト・マネジメントでは「定め
た目標に到達するため効率よく動く」ことが重視されます。しかし、"複
雑な問題"では、何が本当の問題なのか、何が本当に良い目標であり、
効果的な解決策なのか、実践プロセスの中でどんどん深く理解していき、
状況もプロジェクトも変容していきます。そのような変化する状況の中
で、しかも背景も立場も多様な人たちがコミットしながら協働していく
には、ステークホルダーの信頼を引き出すコミュニケーションと仕組み
を扱う"ガバナンス"が重要な意味を持つのです。

　2つ目が"主体性と関係性の相乗効果"です。ソーシャル・プロジェ
クトには多様な組織や人が関わりますが、バラバラで動いては効果が出
ません。ただし、それぞれの目的や行動原理をもつ組織や人が一つにま
とまるのはとても困難です。だからといって、誰かの決めた枠組みに強
引に入れると、主従関係に陥り、多様性を活かせなくなります。そこで
必要となるのが、個々の自律を重視しながら、問題や状況、お互いの取
組みを共有し、コミュニケーションしながら進める関係性のあり方です。
このような関係性は「コレクティブ（集合的、力を持ち寄る）な関係」
と呼ばれており、ソーシャル・プロジェクトで大切な意味を持ちます。

　3つ目は、"共有できる目標"です。例えば、同じ問題に取り組む際
に、企業とNPOがそれぞれの目標として「利益重視」「社会目的重視」
を掲げると対立や齟齬が生まれがちでした。しかし、一つの大きなき
っかけができました。国連で2015年に議決された「SDGs（Sustainable
Development Goals／持続可能な開発の目標）」です。2030年に「誰一人
取り残されない世界を実現する」という目標に向けて、経済・社会・環
境を包括的に扱い、企業も、政府も、NPOも、市民も、先進国も、途
上国もゴールを共有しながら、それぞれのできることを持ち寄るパート
ナーシップで進めていく動きが始まりました。持続可能な世界の実現に
向けて、セクターを超えた共有目標ができたことは、ソーシャル・プロ
ジェクトの広がりや深まりに大きな影響を与えるでしょう。

　この3つのポイントを、複雑な社会問題に挑むソーシャル・プロジェ
クトの現場で使いこなし、成功に導いていくために必要な考え方と進め
方をまとめたのが、この書籍です。ソーシャル・プロジェクトの扱う問

題や解決策も、プロジェクトの内容や種類も多様であるため、本書の執筆にあたっては、関わる人全員が共有しておくとよい基本的な内容を中心にまとめました。特に、問題を分割し単純化して解決する「要素還元型の思考パターン」に縛られている状況が根強くあり、その結果、社会問題への取組みの成果を出せていない状況も多いことを踏まえて、要素還元型の問題解決の考え方や進め方から、動的で包括的な問題解決の考え方や進め方に"シフトする必要があること"を中心にまとめました。

第Ⅰ部はソーシャル・プロジェクトに取り組む前提をまとめています。第1章では、2020年代、SDGsが広がる世界でのソーシャル・プロジェクトの基本的な考え方を、第2章では、問題解決に関わる用語が意味することが、単純な問題から"複雑な問題"に変わることで、どう変わっていくのかまとめました。第3章では、コレクティブな協働を行うための協働の進め方（協働ガバナンス）のポイントを整理しています。

第Ⅱ部では、ソーシャル・プロジェクトの進め方を12のステップに分けてまとめました。各ステップで、ぶつかりやすい壁を乗り越えるために、どのように考え方や動き方をシフトすると乗り越えられるかをまとめています。ソーシャル・プロジェクトの課題や難しさは、事前に勉強したり考えたりしている時よりも、実際に動いて経験してみて初めて気付くものが多いのです。そこで、ソーシャル・プロジェクトの実践の現場で困った時に参照しやすいように、ステップごとに使える概念や手法をコンパクトにまとめています。

これからソーシャル・プロジェクトを始めようという方には、社会問題に取り組むプロセスの全体像を把握し、企画や準備にあたって関係者と共有すべきことを整理するきっかけとして、また、既にソーシャル・プロジェクトに取り組んでいる方には、壁にぶつかったり、困ったりした時のガイドとして、本書を活用いただければと考えています。

本書が、社会を良くしようと熱意を持って動いている方に、少しでも役立てばと願っています。

2018年4月
佐藤真久　広石拓司

目次 ● ソーシャル・プロジェクトを成功に導く12ステップ

はじめに　3

第I部
ソーシャル・プロジェクトの
成功に求められる視点・視座
要素ごとの解決から集合的（コレクティブ）な解決へのシフト

第1章
ソーシャル・プロジェクトの
成功の条件
15

1　複雑な社会問題に挑むソーシャル・プロジェクト　16

2　SDGsが企業、地域にもたらすこと　23

3　ソーシャル・プロジェクトの陥りやすい失敗
　　── 単独で行う限界、協働でぶつかる壁　28

4　論理的に分解する問題解決から、動的で包括的な問題解決へ　32

5　一つになる組織化から、個々を活かすコレクティブな協働へ　38

6　つながる力を新しい未来の創造に活かしてソーシャル・プロジェクトを成功させよう!　49

新しい社会システム構築による価値創造を目指す
ソーシャル・プロジェクト事例　51

第2章

コレクティブな協働へ

問題解決に関わる用語の定義をシフトしよう　　　　55

シフト1　社会・地域　　　　58

シフト2　問題　　　　60

シフト3　問題が解決した姿　　　　63

シフト4　問題解決の進め方　　　　67

シフト5　協働　　　　69

シフト6　関係性の持ち方　　　　71

シフト7　担い手のあり方　　　　73

第3章

コレクティブな協働を実践するための協働ガバナンス　75

1　構成要素　　　　78

2　違いを超えての参加の誘発　　　　80

3　循環型の協働プロセス　　　　81

4　個々の強化・成長につながる社会的学習　　　　82

5　共有すべき運営制度　　　　84

6　変化を促し、成果につなぐチェンジ・エージェント機能　　　　85

第Ⅱ部
コレクティブな協働ガバナンスの考え方・進め方12ステップ

第4章
問題解決の前提を整える協働
課題の再発見とゴールの明確化　　　　　　　　　　　　**91**

ステップ1　現状の課題認識を分かちあおう
　　　　　── いったい、今、何が起きているのだろう?　　　**92**

ステップ2　何がゴールなのか話しあい、分かちあおう
　　　　　── 社会システム全体での対応力を高めるイメージを描く　　　**98**

ステップ3　「協働」への準備(レディネス)を整えよう
　　　　　── 違いやこれまでの枠組みを超えて協力するには?　　　**105**

第5章
問題解決の運営基盤を整える協働
計画策定と運営制度整備　　　　　　　　　　　　**111**

ステップ4　パートナーを見出し、参加を誘発しよう
　　　　　── 誰と組むべきか?　相手の積極的な参加を促すには?　　　**112**

ステップ5　共有の目標と達成への戦略的計画を立てよう
　　　　　── 何を達成し、そのためにどう進めていけばいいのか?　　　**119**

ステップ6　運営制度を設計しよう
　　　　　── どのように役割分担し、体制をつくるのか?　　　**124**

第6章
問題解決の
推進力を強化する協働

継続的改善と中間支援　　　　　　　　　　　　　　　　　**133**

ステップ7　場づくりを活かした関係性の改善力の強化
　　　　　　── 何をどう分かちあうと、もっと協力できるのだろう？　**134**

ステップ8　「社会的学習プロセス」を強化しよう
　　　　　　── 継続し、改善し続けるには、どのような「学び」が必要な
のか？　　　　　　　　　　　　　　　　　　　　　　　**140**

ステップ9　「チェンジ・エージェント機能」を強化しよう
　　　　　　── 関わる人たちの変化とレベルアップを促すには？　**146**

第7章
成果を生み出し、定着させる協働

継続力強化と成果の見える化　　　　　　　　　　　　　　**153**

ステップ10　資金や人材を集め、継続力を高めよう
　　　　　　　── 資金や資源をどう集め、どう効果的に運用するのか？　**154**

ステップ11　「協働」の活動結果（アウトプット）と成果（アウトカム）
　　　　　　　を評価しよう
　　　　　　　── どのように成果を捉え、次の一歩につなげていけばい
いのか？　　　　　　　　　　　　　　　　　　　　　**160**

ステップ12　政策や制度として社会に定着させよう
　　　　　　　── 自分たちの限界を超えるには、誰と、どのように進めて
いく必要があるのか？　　　　　　　　　　　　　　　**166**

補遺

1	SDGsをヒントに社会課題を知る	174
2	協働プロセスの実践事例	175
3	ソーシャル・プロジェクトが各セクターに必要な理由	178

おわりに　182
参考文献　187

第I部

ソーシャル・プロジェクトの
成功に求められる視点・視座

要素ごとの解決から集合的（コレクティブ）な解決へのシフト

第1章

ソーシャル・プロジェクトの成功の条件

1
複雑な社会問題に挑む
ソーシャル・プロジェクト

▌個人の問題と社会の問題はつながっている

　あなたも生活や仕事で、色々な問題に出会うでしょう。

　子育てや介護で困っている人、仕事や働き方で悩みを抱えている人もいるでしょう。また、つながりの弱さや過疎化、自然の減少など、地域のことを問題と思っているかもしれません。今は問題ではなくても、大地震など災害の不安、地域の将来、ＡＩなど技術革命の影響など、先に起きることを問題と思っている方もいるでしょう。直接、自分の身に起きなくてもテレビで見る家族間の殺人に心を痛めたり、ひきこもりや孤立といった出来事を残念に思ったりしているかもしれません。また、途上国の貧困問題、世界的な格差の拡大、地球規模の気候変動などグローバルな視点の問題が気になっている人もいるでしょう。

　このように、思い起こしてみると、私たちの周りには数多くの問題が起きています。一見すると、問題には、「自分の個人的な問題」と「社会や地域で起きている問題」の2種類があるように思ってしまいます。社会で起きている問題といわれると、「大きすぎて自分には何もできない」と考える人も多いでしょう。ニュースで外国の紛争で苦労している人を見ても、自分には何もできないし、自分とは関係ないと思う人も多いでしょう。一方で、個人的な問題は、自分のことであって周りには関係ないようにも思います。

　例えば、「今朝、寝坊して、会社で怒られた」という問題は、"自分のこと"であり、社会とは関係なさそうに思えます。特に、寝坊の理由が、「昨夜、目覚まし時計をセットするのを忘れて寝てしまった」ことなら、なおさら自己責任の問題のように思えてきます。

しかし、寝坊について、「現代社会は睡眠不足の人が増えていて、睡眠の質も下がっている。不規則な睡眠や睡眠不足などが睡眠障害を引き起こし、心身の健康に悪影響を与えたり、企業の生産性に影響したりもしている」という社会問題も起きています。今朝の遅刻はたまたまかもしれませんが、その背景には、24時間営業の店が増えたり、スマホで夜中まで画面を見ていたり、仕事のストレスをうまく解消できなかったりして、日常的に睡眠不足になっていることがあるかもしれません。さらに、その背景には、「寝不足はしようがない」という友人との会話、学校や職場で睡眠について深く学ぶ体験がなかったということも影響しているかもしれません。そう考えると、自分の個人的な睡眠と、社会的な問題としての睡眠はつながっていることに気付くでしょう。

このように、一見、違うように感じる「自分（個人）の問題」と「社会で起きている問題」とは、つながっています。私たちは社会の中で生きているので、知らず知らずのうちに社会から多様な影響を受けています。自分の問題や困難さ、近隣の人たちや同僚の抱える問題は、その人個人の出来事、自己責任の部分もありますが、問題が起きたり、起きた時にきちんと対応ができていなかったりすることには、多かれ少なかれ社会的な要因が影響しています。逆に考えると、私たちの生活や仕事の仕方を変えることで、社会に良い影響を与えることもでき得るのです。

▌社会問題の解決には多様な担い手が必要

では、社会で起きている問題は、どのように解決していけばよいのでしょうか？

社会問題の解決の担い手というと、政府や自治体が思い浮かびます。政府はゴミ対策、教育、福祉などの住民向けサービス、道路やダムなどのインフラ整備に取り組んできました。税金による所得再分配、法律の制定など、社会の問題に対応できる制度や仕組みにおいて重要な役割を担っています。

ただし、政府だけでは問題解決はできません。例えば睡眠について、文部科学省は子どもたちの生活習慣の改善や睡眠の重要性についての報告書を作成し、厚生労働省は「睡眠指針」という睡眠の重要性を伝える

指針を出しています。このような専門家の意見を集め、指針をつくるのは政府の大切な役割ですが、政府がいくら大切さを訴えても、それだけでは問題は解決できません。

　例えば、睡眠の問題を解決しようとすると、どのような取組みが必要になるでしょうか？

　睡眠の大切さを伝えるには、子どもたちには学校での教育が、地域では保健所などからの情報提供が必要でしょう。公的な機関だけでなく、睡眠に関する情報を収集したり、情報提供や改善プログラムを提供したりするNPOも必要でしょう。睡眠の質を高めるような寝具を提供するメーカーや販売店も、睡眠の質を診断するスマホのアプリなどITサービスも関係します。不眠症の対策には医師や医療機関の協力も必要でしょう。また、家に閉じこもっている子どもや高齢者は睡眠が不規則になりやすいことを考えると、昼間に地域で運動する活動も関わってきます。子どもの生活習慣を良くするには家族の協力が不可欠であり、それには子育てグループの協力も必要かもしれません。視野を広げていけば、もっと多くの領域の担い手の関与が必要になることでしょう。「睡眠」というテーマを一つとってみても、問題の解決を進めようとすると、たくさんの担い手が関わっていくことが必要になります。

　このように問題への多様な影響を分析する枠組みとして、米国保健福祉省（CDC）などでは社会生態モデル（Social Ecological Model）が使われています。それは、問題の当事者に対して与える影響を5つの階層から分析しようという枠組みです。（表1-1）

　この5つのレイヤーのどれか一つで問題を解決することはできません。

表1-1　社会生態モデル（Social Ecological Model）

1) Individual（個人）	個々人の知識・意識・スキル
2) Interpersonal（個人間）	家族・友人・相談相手の生活習慣・知識・行動
3) Organizational（組織）	会社・学校などの環境・慣習・方針、地域の専門機関の状況
4) Community（コミュニティ）	大学・研究機関、メディア、企業、地域社会などが影響する文化的価値、規範、社会通念
5) Policy（法律・政策）	法律・政策・計画、それらが地域やビジネスに与える影響

※ CDC 資料に基づき著者作成

個人で問題をなんとかしたいと思っても、情報や身近な地域で利用できるサービスがなければ対応できません。ネットやテレビなどで流れる情報に惑わされることもあります。また、周りにいる家族や友人が良い対応法を知らなかったり、問題の重要性を理解していないと、問題について相談しても共に途方にくれるだけだったり、悪い時には相談を無視されて孤立してしまったりすることになります。政府の指針が出されることで、企業や地域は動きやすくなります。政府の助成金があることで民間の新しい取組みを進めやすくなることもあります。逆に、企業やNPO、地域、個人から現場の情報を伝えないと、政府は問題や現場で起きていることを理解することはできないでしょう。

現代の社会問題は"複雑な問題"

社会問題の解決には、多くの担い手が関わっていくことが不可欠なのです。実際に、貧困、福祉などの社会問題に対して、状況を改善しよう、問題を解決しようと多数の担い手が取り組んでいます。政府も自治体も多数の施策を実施し、予算も付けてきています。NPOなど社会問題の解決に役立とうとする組織も多数あります。しかしながら、数多くの担い手が取り組んでいるのに、解決できていない問題は数多くあります。それは、なぜでしょうか？

一つは、そもそも社会問題とは、企業活動の舞台となる市場の取組みでも、政府の取組みでも効果が出せず、取り残された問題だからです。

例えば、教育について考えてみましょう。政府は教育の大切さから、義務教育の無償化を行ってきました。また高校や大学にも助成するなど幅広い教育の施策に取り組んできています。また、教育ビジネスも盛んです。塾や通信教育があり、教材なども多数販売されてきています。その結果、日本は優秀な人材を輩出し、それが日本の企業や社会を支える力になっています。しかし、日本の教育にも数多くの問題が生じています。一つには、経済格差の拡大によって、裕福な家庭の子どもは学校外も含めた多様な教育機会にアクセスできますが、経済的貧困により教育費を捻出できない家庭が増えています。親に余裕がなく、子どもの教育を家庭でサポートできない家族も増えています。また、いじめによる自殺が

起き、学校になじめず不登校になる生徒もいます。障がいを持つ子どもたちが、どのように教育にアクセスできるかも課題です。さらに、学校の試験で良い点数を取っていても、社会に出た時に求められる自発的な行動やコミュニケーションに課題を抱えている若者もいる中で、そもそもの学校のあり方も問われています。

このように政府や企業の多数で資金をかけた取組みがありながらも、問題として取り残されてしまうのが社会問題です。このように解決しづらい社会問題が生じる原因には、以下のようなことが考えられます。

- 少数派、個人の問題と考えられ、十分な対策がない、対策が後回しにされている。（例：多くの生徒が学校に通う中、不登校は限られた特定の生徒の問題と扱われる）
- 問題の予防や早期発見が十分にできず、深刻になるまで気付けない。（例：いじめが深刻になるまで教師や親も気付かない）
- 他の領域の問題から影響を受け、既存の分野では対応できない。（例：経済格差が教育の問題に影響を与えると、教育だけでは対応できない）
- 論理だけでなく、人々の感情や意欲などに関わる。（例：支援しても、子どもや親の意欲や意識改革を促すことができない）
- 担い手の問題認識、意識改革、行動変容が十分にできない、抵抗感がある。（例：教師がネットを使いこなす教育に対応できない、抵抗感がある）
- 経済社会の変化により、かつて効果的だった取組みや解決法が以前ほど有効ではなくなっている。（例：かつての優秀さの基準だった試験重視の勉強だけでは、現代社会で求められる対話力や創造性を伸ばすことができない）

このように、現代の社会問題は、多様な要素が関係しています。分野を超えて影響しあったり、時間や感情も大きな影響を与えたり、かつて効果的だった解決策では対応できなかったりするがゆえに、"複雑な問題"となっています。これまでの問題解決では、経済、教育、福祉といった分野や専門で分けて解決策を考えてきていましたが、現在の社会で

起きている"複雑な問題"は、単独の分野や専門領域で取り組むことが難しくなっています。

複雑な社会問題の解決に向けたソーシャル・プロジェクト

　現代の社会問題には、多くの要素が関係し、解決には多様な分野やセクターが関わる必要があります。ただ、これまで多くの場合、分野やセクターが異なると、別々に行動してきました。各セクターには、企業は利益、行政は公平性、市民は当事者性といったように優先すべきことがあります。特定の人が利益を得ることは公平性を損なうといったように、異なるセクターでは優先すべきことがぶつかる状況があります。優先すべきことの違いは、分野の違い、組織の違いにおいても同様に生じます。

　その結果、同じ社会問題に対しても、それぞれが個別で取り組んでいる場合が多く見られます。似た活動をしている団体同士もお互いの活動を知らなかったり、助成金や参加者確保で競合したりしがちです。セクター間の協働も、行政が企業やNPOに事業を委託する、企業がNPOに寄付をするといった協働はあっても、一緒に何が問題なのか話しあい、企画や事業の立ち上げを共に進めるような協働はあまりありませんでした。また、セクターや分野を超えて多様な組織が協力して一つの問題に取り組む機会も限られています。

　しかし、現代の複雑な社会問題の解決には、多様なセクター、分野の多様な組織が、バラバラではなく、協力して社会問題の解決に挑む必要があります。例えば、睡眠の問題に、企業、自治体、地域の健康づくり活動、医療機関などが連携して取り組む。子どもの教育の問題に対して、学校や塾だけでなく、家族への福祉、親の就労支援、学童保育などが連携して取り組む。このような社会問題に多様な担い手が連携して挑む取組みを、本書では「ソーシャル・プロジェクト」と呼びたいと思います。「ソーシャル・プロジェクト」は、複雑な社会問題を解決に近づける重要な手掛かりになります。同時に、一人ひとりが「自分の思い」と「自分のできること」で、社会を良くしていける可能性を高めるものだと考えています。「社会を良くするなんて難しい」と思う人が多いかもしれません。一人で考えたり、動いたりしても、できることは小さく、社会

は変わりません。それは、地域の人でも、大企業や行政の担当者でも同じでしょう。しかし、思いを共有し、実現したいことに協力してくれる人たちが広がっていけば、活動の影響力を大きくし、それが社会の変化へとつながる可能性は高まっていきます。「ソーシャル・プロジェクト」は、小さな思いを大きな力に変える可能性を持っているのです。

　ただし、複雑な社会問題の解決に、セクターや分野も違う多様な主体が組んで活動することは、言うは易し行うは難しです。その難しさに対して、国内外の経験から、どのように進めていけばよいのか、知見が蓄積されてきています。その知見を現場で活かすにはどうしたらよいか、それが本書のテーマです。

2
SDGsが企業、地域にもたらすこと

持続可能な世界の実現への動きが加速

　これまで、社会問題の解決は政府やNPOなどが担うものであり、企業は社会貢献で協力するといったイメージがありました。しかし、社会の多様な担い手が協力して積極的に社会問題に取り組む機運が、2015年の「パリ協定」や「SDGs（Sustainable Development Goals／持続可能な開発の目標）」から高まっています。その中でも、特に大きく変化したのは、企業が事業全体で社会問題解決に積極的に参画する動きが広がっていることです。

　パリ協定は、産業革命前からの気温上昇を2℃未満に抑えることを目標に、各国が自ら温室効果ガス排出削減の目標を設定し、削減を進めようという枠組みです。この枠組みの影響が大きいのは、単なる環境への配慮を訴えるだけでなく、より実効性を高めるために、石油などの化石燃料に依存することを止め、再生可能エネルギー100%への移行を加速する動きとなっているからです。その動きの強さを世界に印象付けたのは、2017年6月1日にアメリカでトランプ大統領がパリ協定の枠組みからの脱退を宣言した際、4日後の6月5日に1200以上の企業、自治体、投資家、教育機関などが「We are still in」（私たちはパリ協定に残る）という声明を出したことです。この声明に参加した組織の経済規模は620兆円に上るとされています。また、中国もパリ協定への強いコミットメントを打ち出しました。

　かつては、企業は利益を生み出すことが存在意義であり、環境配慮や社会貢献は必要なコストという考え方が主流でした。しかし、異常気象などによる被害が増えるにつれ、気候変動は農業や天然資源のみなら

ず、世界各地に広がっているサプライチェーンや流通など、企業経営に多面的に大きな影響を与えることがわかってきました。グローバル化した世界で、企業が持続的成長を実現するには、気候変動をはじめとする環境問題、貧困、ダイバーシティなどの社会問題に取り組んでいく必要があるという認識が広がってきています。その動きを後押ししているのが、長期的な視点から大規模な投資を行う機関投資家によるESG投資の動きです。これは、その企業が10年後、20年後も利益を上げることができるかどうかを判断するために、ESG（Ecology／環境、Social responsibility／社会責任、Governance／企業統治）の取組みを評価して、投資家が投資する動きです。企業は財務情報だけでなく、ESGに積極的に、戦略的に取り組み始めています。

企業もNPOも地域も連携して進めるSDGs

パリ協定と同じ年に、国連でSDGsが採択されました。SDGsは、世界で多岐にわたって起きている問題を洗い出し、169のターゲット課題に整理し、それらを克服することで、2030年までに達成したい17のゴールを設定したものです。2015年9月の国連総会で世界の共有する目標として合意されました。SDGsは、途上国の貧困などの問題解決を目指した2000年から2015年までのMDGs（ミレニアム開発目標）の後継の目標として設定されましたが、MDGsからSDGsの移行に当たり、大きな変化がありました。

一つ目は、目指す姿を「誰一人取り残されない世界をつくる」とし、途上国も先進国も含めた取組みとしたことです。先進国にも、格差の拡大や健康、教育、環境など多くの課題があり、それらの問題は途上国の問題と地続きだということを前面に打ち出しました。

二つ目が、環境・経済・社会の統合的な目標としたことです。途上国の経済や森林を守ろうとしても、児童労働を防ごうとしても、先進国の消費者がただ安さだけを追い求めると実現は不可能です。先進国のメーカーがどこでどうつくられた素材から自分たちの商品をつくっているのか、消費者が自分たちの購入するものがどんな環境でつくられているのかを考え始めて、初めて途上国にも変化が生じます。そこから「つくる

責任、使う責任」も目標に組み込まれています。また、女性の活躍、働きがいのある仕事などは先進国でも途上国でも必要とされており、社会的だけでなく経済的な問題でもあります。

三つ目は、ゴール達成への担い手として、政府や国際NGOだけでなく、企業や自治体など多様な主体の参加を呼びかけていることです。企業にとって先進国の貧困を放置しておくことは、質の高い商品の購入者が減ってしまうことも意味します。サプライチェーンがグローバルに広がる中で、途上国の貧困が広がって政情が不安定になると、質の高い素材を安定的に入手することが難しくなります。企業にとって社会問題、環境問題は大きなリスクとなってきています。同時に、SDGsが推進されることで、ビジネスチャンスを拡大できると考えられています。企業は、環境負荷の小さな、新しい製造技術を進めたり、消費者から共感を得るビジネスや商品を生み出したりできます。さらに、各地で質の高い働き手を確保することも可能になります。国連の委員会推計によると、SDGsの実現に取り組むことで、最大12兆ドルもの経済成長と3億8千万の雇用が生み出されるとされているのです。

このように、SDGsによって、市民も、企業も、政府や自治体も、先進国も途上国も協力して世界の問題に取り組んでいこうと動き始めているのです。

日本経済団体連合会（経団連）は2017年11月に、実現すべき未来社会（Society5.0）には、経済成長と社会的課題の解決とが両立する成長モデルが不可欠と打ち出しました。そして、その成長モデルを企業が進める後押しとして、「Society 5.0の実現を通じたSDGsの達成」を柱とする「企業行動憲章」の改定を行いました。日本の経済界にも、持続可能な社会の実現が企業の発展の基盤であるという認識が広がっています。

SDGsをコミュニケーション・ツールとして使いこなす

これまで、政府は政府、企業は企業、地域は地域と、セクターや分野によって考え方、重視する価値観や優先することが違うのは当たり前でした。例えば、行政では公平性が大切で営利目的で活動してはならず、企業では利益が大切とされてきました。企業の社会貢献として

CSR（Corporate Social Responsibility）だけでなく、CSV（Creating Shared Value／企業と社会の共有価値の創造）が大切だと考えられるようになってきましたが、企業とNPO、地域それぞれの前提が違っているため、目的やゴール、「何のため？」で一致できないことで、活動が行き詰まることも少なからずありました。

　また、同じテーマを扱う非営利活動同士の中でも、地域密着の活動団体と全国展開の団体、国際協力の団体が「目的が違うから」とお互いを別物と扱うことも起きていました。

　このように分断されがちだった状況で、価値観の異なるセクターや分野の間の連携を促す「接着剤」として、SDGsは活用できるのです。SDGsは、社会・経済・環境が包括的であり、先進国、途上国、すべてのセクターにつながる普遍性を持っています。ですから、国、分野、専門、セクターが違っても「共有できる目標」となり得るのです。さらにいえば、これからの社会においては、SDGsが政策、ビジネス、生活などで生じる選択や意思決定の前提となっていく可能性があります。

　例えば、東京本社の女性の働き方改革と、途上国での女性活躍支援は、「ジェンダー平等」「働きがい」といった同じSDGsの目標のもとにあると考えることができれば、別物ではなくなります。SDGsを共通言語とすることで、これまで交流がなかった担い手の間に知見や経験の交流を起こしやすくなるのです。

　このようにSDGsは、世界的な目標（目標としてのSDGs）でありながら、新しい取組みを可能にするもの（ツールとしてのSDGs）であるといえるのです。

▎SDGs時代のパートナーシップ

　パリ協定後の脱炭素化の動き、SDGsの広がりは、今までの問題を起こしてきた経済社会のあり方を構造から変えていこうというものです。

　SDGsに17のゴールがあることは、17の個別の問題が生じていることを意味していません。貧困と健康は密接に関係しており、その解決には教育も企業の責任も、働きがいある仕事も影響します。17の目標の背景にある問題は地続きであり、17の目標は相互に深く影響しあって

います。1つ、2つの目標を切り出した取組みは、短期的な問題対応にはなっても、問題の解決には至りません。個々の問題にバラバラ、個別に対応するのではなく、生活のあり方、会社のあり方、社会のあり方を決めている原理や構造は何かを見極め、それを変えていくことで 17 の目標を同時に達成する必要があるのです。

それには、途上国と先進国の間で、また NGO と企業の間で責任を押し付けあったり、問題解決への取組みが競合したりするのではなく、企業、政府・自治体、NPO、地域社会、個人など多様な主体が、未知の状況に向かって協力してチャレンジしていく必要があるのです。国もセクターも分野も超えた共通目標としての SDGs があることで、これまで別々に行われた問題を関連づけ（統合的）、問題や課題の原因や関係を捉え直し（批判的）、グローバルな文脈・ローカルな文脈で意味づけながら（文脈的）、関わる個人・組織・社会の変容を促す（変容的）ことが可能になります。

このような幅広い連携は「理想論」とされがちでしたが、それを「実行する」段階に世界は入っています。経団連の「企業行動憲章」でも、自社のみならず、グループ企業、サプライチェーンに対しても行動変革を促すと共に、多様な組織との協働を通じて、Society 5.0 の実現、SDGs の達成に向けて行動するよう促しています。

SDGs のゴールとなる 2030 年に向けて、社会・経済・環境を包括的に捉え、個々の問題はつながっていて、問題解決には個別に対応するだけでなく多様な主体が連携して社会システムを変える必要があるという考え方は広がり、ソーシャル・プロジェクトもどんどん広がっていくでしょう。

3

ソーシャル・プロジェクトの
陥りやすい失敗
──単独で行う限界、協働でぶつかる壁

　これまでも社会問題解決への協力や協働は行われてきましたが、効果的に成果を出せていない場合も少なくありません。これまでのプロジェクトは、下記のような失敗に陥りがちだったようです。

(1) 解決策を急いでも、そもそもの問題が見えていない

「貧困家庭が増えている」から「生活保護を増やす」、「待機児童が増えた」から「保育園を増やす」など、起きている問題に対応しないといけないからと解決を急ぐのですが、そもそも何が起きているのか、なぜ問題が起きているのか、深く理解できていない場合があります。ニュースやレポート、ネットでの話題から状況を把握しようとしたり、特定の人や一方の声のみを聴いたり、自分の体験からのみ問題を認識したりすることで、問題の事象や原因を思い込みで考えたり、"複雑な問題"を一つの切り口のみで把握することに陥りがちです。

(2) "流行り"のトピックばかりに注目が集まる

　社会問題の中にも、注目が集まるものと集まりにくいものがあります。テレビで取り上げられるなどして注目が集まった問題に、多くの人が注目し、特定のテーマばかりの活動が増え、人やお金などのリソースが集中することがあります。多くの人の関心が集まることはよいことなのですが、一つの側面や解決策ばかりが取り上げられ、"複雑な問題"の全体像まで理解が深まらないままだと、活動も継続せず、本質的な解決にまで至らないままにブームが終了し、ただ「社会問題を話題として消費

した」という状況に陥ることがあります。

⑶ 似た背景の人同士が集まり、発想が行き詰まる

　同じ分野、似た背景の人は考えがあうため、協力しやすいと考えがちです。その結果、同じ視点からの議論が繰り返され、同じところで行き詰まることがあります。例えば、地域活動をするシニア世代だけで集まって「若い人の参加が少ない」と議論を重ねても、若い人にアピールするアイデアは出にくいでしょう。コミュニティ・スペースを行政や地域福祉関係者だけで運営し、事業収入を増やすアイデアやノウハウがなく、資金不足となる場合もあります。また、地域に参加していないビジネス・セクターの人だけで集まり、地域課題を話しあっても、地域の実態を把握できないままの議論になるでしょう。

⑷ NPO、行政、企業で価値観が違うので組めない

　違うセクターの人と組もうとしても、それぞれの価値観や優先項目が違うため、うまく話が進まない場合があります。例えば、行政の事業で公平性から特定の企業や店を前面に出せないとなると、企業や店が参加するメリットがなくなってしまいます。一方で、住民向けサービスで企業が採算性のみを考えて利幅の悪い人を顧客対象から外したいが、困難な人にこそサービスを提供したい行政やNPOと意見がぶつかることがあります。また、NPOは特定のテーマに焦点を当てたいと考えますが、行政は地域の幅広い人に理解されるテーマを重視します。それぞれが価値観をぶつけあうと、議論が行き詰まることがあります。

⑸ 同じテーマに取り組む人同士の覇権争い

　同じテーマの似た活動に取り組んでいるのに協力できず、お互いを否定しあう関係になることがあります。例えば、同じ子育て支援の活動なのに、母親と乳幼児は一緒に長い時間を過ごすべきと考える活動と、早くから母親の職場復帰を支援する活動とは意見がぶつかり、協力が難し

くなったりします。また、同じ地域で障がい者の支援をしている活動なのに、異なる種類の障がいをテーマにしている団体同士が、助成金の取りあいになって競合関係になることがあります。同じ種類の商品を提供する企業同士が社会課題解決の場面でも競合関係になることがあります。

⑹ 悪いところの指摘しあい、ルールや報酬の曖昧さなどが生む相互不信

担い手ごとに強みと弱み、得意と不得意は違います。裏を返すと、自分たちが普通にできることを、協働相手は上手にできない場合もあるということです。自分たちの常識が相手に通用しないと、「そんなことも知らないのか、できないのか」と相手の欠けている部分を見て否定的に判断してしまいがちです。そして、相手に対して期待外れだという姿勢を見せたり、不満をぶつけたりすることで、関係が悪化する場合があります。また、運営の取り決めや報酬などについて、はっきりと決めず、口約束だけで進めると、「きちんと対応してくれない」「お金を払わないのではないか」と不信感が生まれます。お互いへの小さなストレスが溜まると、相互不信に陥り、前向きな協力が難しくなります。

⑺ 主導権争い、組織化からの制約

複数の担い手が集まって活動する場合、プロジェクト運営の主導権を取ろうと自分の進め方を他の人に押し付けてしまうことがあります。例えば、行政や企業などが資金を出し、その資金でNPOなどが活動する場合、資金の出し手が自分たちの進め方や都合を押し付け、相手の活動の自由を制約してしまう場合があります。また、複数の担い手で一つの組織をつくった時、組織として合意できた内容が個々の動きに制約をかけてしまうことがあります。活動や進め方を一つにまとめようとすることで、それぞれの個性が抑えつけられてしまい、せっかくの強みを活かせなくなるのです。

⑻ 立ち上がりは盛り上がるが続かない

　新しく協働プロジェクトが始まる時は、集まったメンバーの意欲が高いものです。しかし、時間が経つにつれて、それぞれが違う領域で違う活動を行っているため、協働に十分な時間を取れなかったり、優先順位にバラつきが生まれたりして、プロジェクトが失速してしまうことがあります。プロジェクトが複数年にわたる場合、それぞれの組織での担当者や方針の変更などによって活動にブレが生じたり、活動予算がつかなくなって活動が道半ばで終わったりしてしまう場合もあります。

⑼ 継続することが目的となり、マンネリ化してしまう

　活動が継続しても、時間が経つ中で、続けること自体が目的化し、最初の問題意識や目指すことが忘れられてしまうことがあります。また、成果が思うように上がっていない時、内輪で言い訳ばかりを口にし、検証をきちんとせず、改善できないまま続けてしまうこともあります。続いていても、メンバーの意欲は低下してしまっていることがあります。

　ここに挙げた陥りやすい課題は、様々なプロジェクトで繰り返されています。そこからわかるのは、ソーシャル・プロジェクトを成功させるには、企画内容も大切ですが、それ以上に問題解決の進め方や関係づくりが大切だということです。では、何を、どう変えていけばいいのか、基本的な考え方を次節から見ていきましょう。

4
論理的に分解する問題解決から、動的で包括的な問題解決へ

▌要素還元的、線形的な問題解決の限界

　私たちは、"複雑な問題"を解決しようとする時、それをいくつかの要素に分割して、それぞれをシンプルな問題として理解し、解決していこうという考え方をしがちです。

　これは、要素還元主義と呼ばれる「複雑な物事を構成する要素に分解し、それらの個別の要素を理解すれば、元の複雑な物事全体も理解できる」という考え方に慣れ親しんできたからです。この要素還元主義は、電気製品のような機械についての問題を考える時には有効です。例えば、ラジオが故障して動かなくなった時、分解して、どの部品に問題があるか原因を調べ、壊れた部品を交換すれば、元のように動くようになります。また、結核はかつては難病でしたが、原因が結核菌であることが発見され、菌を取り除く抗生物質ができたことで、問題解決が可能となりました。

　このように、問題を起こす要素を同定し、それを除く、直すことで問題は解決するという考え方は、人間の活動にも当てはめられてきました。例えば、会社がうまく動かない時、誰か悪者を見つけ出して責任を取らせたり、組織が悪いと考えて組織改革を行ったりします。

　要素に分解し、重要な要因を見つけ出すのは論理的なプロセスであることに加えて、「現象の分解 → 要素の体系的整理 → 重要な要因の同定 → その要因への対応 → 問題解決」という一直線の流れ（線形的）であるため、進捗の管理も容易になります。

　しかし、ギリシャ時代の哲学者アリストテレスは「全体とは、部分の総和以上の何かである」と述べているように、要素還元的、線形的な問題解決の進め方では抜け落ちてしまうものがあります。

まず、要素に分解することで、全体と要素、要素と要素の間の相互作用を考えづらくなります。例えば、組織や地域の動きを分析する際、それぞれの人の考え方を把握しても全体としての行動は分析できません。一人の人の考えは、常に複数のものの影響を受けています。プライベートでは思いやりのある人が、仕事では報酬をもらっている組織の風土や上司の言動に影響を受けて、貧しい人にとって厳しい事業を実施してしまうこともあります。「場の流れ」「空気」といったものから人が影響を受けることもあるのです。

また、要素を個別に見た時の意味や評価と、全体から見た時の意味や評価が異なる場合があります。コミュニティの絆を大切にする人たちがいることで、地域に閉鎖的なグループができ、地域でグループ内外の絆ができなくなる場合があります。住民の問題に直ぐに対応してくれる行政があることで、住民が行政に頼って自分たちで努力しなくなり、問題を増やしてしまうかもしれません。

さらに、要素還元的、線形的なものの見方は、状況を固定的に捉えがちで、プロセスの中での成長や変化を見落としてしまいがちです。現状では、力不足の住民ばかりと評価される状況でも、住民たちを信じて共に活動し、学んでいくことで１年後には予想以上の成果を出せる地域になるかもしれません。最初は経済性ばかり考えていたビジネスパーソンが、問題の深刻化を目の当たりにして、社会的な事業を始めるかもしれません。

複雑な社会問題が解決しづらいのは、論理的な取組みと考えられがちな要素還元的、線形的な問題解決法が、相互作用、意味の多面性、時間の中での変化などを組み込むことが苦手ということに起因しています。

▌動的、包括的な問題解決へのシフト

複雑な社会問題は、現場の個々人だけでも個別の対策でも解決できなかった結果、取り残されている問題です。ですから、要素分解中心のアプローチではなく、全体は部分の総和以上のものという考えに基づいて、状況を包括的に捉え、多数の要素の相互作用や変化を大切にする「動的で包括的な問題解決」という考え方が必要となります。

例えば、貧困問題は、個人の努力不足だけでなく、就業状況、教育、地域の経済や産業の状況、仕事で求められる力の変化、生活保護などの支援策の実施内容、相談員の質、住宅、支えるコミュニティ、グローバル化など、多様で多層的な要素の影響を受けています。貧困に苦しんでいる個々の人を助けるのも大切ですが、個別対応には限界があり、同時に、貧困が起きにくい、貧困になっても克服できやすいような社会の仕組みも整えていく必要があります。問題解決には、個々を見ながら、全体も見る包括的な視点が求められるのです。

　また、一つの要因への解決策のアプローチが、他の要因に影響を与えることも考慮する必要があります。先ほど挙げたように、住民の問題を行政がすべて解決しようとすると、住民の行政への依存を高め、問題を増やすことがあります。だからといって、行政が住民の問題に何もしないのも適切ではないでしょう。考えられるのは、住民の問題を専門性のある行政が入って一緒に考え、最初は行政が問題を解決するにしても、その経験を住民と分かちあい、状況を見ながら徐々に住民の役割を増やしていくことで、住民力を高めていくようなアプローチです。このように、関わる人が相互作用し、状況が変化していく（ダイナミック＝動的）状況では、目指すゴールを踏まえて、問題を分析し、解決策を行った後で、また状況や問題の分析に戻り、次の打ち手を考えるというように、循環的な取組みを構築していく必要があります。

システム思考を活かす

　様々な背景要因がある問題へのアプローチとして使えるのが、「システム思考」です。システム思考というと、一見、機械論のように思ってしまいますが、問題全体の状況がどのように個々の要素間の相互作用の積み重ねによってできているのか分析し、記述する考え方です。

　システム思考の「システム」という言葉は、「全体を構成する要素が多数あり、その要素の相互作用によって個々の要素の総和とは異なる新しい結果を生み出す」状態を指しています。例えば、コンピューター・システムの「システム」とは、一つ一つは電子部品なのに、組みあわせることで、計算やプログラムが実行できるようになるという意味です。

また、サッカーでも、選手の配置やポジション設定、戦術などをまとめて、「システム」という言葉で表現します。個々の選手が他の選手とどう相互作用するかを変えることで、チームのゲーム内容や勝敗も違ってくるため、「システム」なのです。

システム思考とは、状況や問題の「システム」を解き明かし、活かそうとする考え方です。システム思考では、社会のシステムを見出すために、「同じような問題が繰り返し起きていること」（時系列パターン）に注目し、その背景にある「問題を起こす構造」を考察します。そして、「問題を起こす構造」が問題を起こし続け、改善されずにいるのは、関わる人の経験や価値観、組織の習慣などの「メンタルモデル」から、構造に含まれる多様な要素や相関関係の中で見落としていることや重視されていないことがあるからだと考えるのです。そして、表面に現れた問題に対応するのではなく、関係者のメンタルモデルから見落としている「問題を起こす構造」を探求し、メンタルモデルと構造を検証した上で、「問題が起きない・予防できる構造」へと変えること、つまりシステムのシフトを考えるのです。

先に挙げた「地域の問題解決を住民が行政に依存し、問題が減らない」という状況を考えてみましょう。まず、「時系列パターン」として、地域で色々な問題が起きた時に「問題を住民が行政に相談し、行政が内部で検討し、予算も人手も準備して迅速に対応してきた」という状況が繰り返されてきたとします。そこで、「問題を起こす構造」を考えてみましょう。問題が起きた時に、住民には「行政に相談する」と「自分たちで取り組む」という２つの選択肢が考えられます。また、解決にあたっても「行政が内部で決め、全部準備する」と「行政が住民と話しあい、役割分担しながら進める」の２つの選択肢があるでしょう。「自分たちで取り組む」にも「行政と住民が話しあう」にも「住民の話しあい」が大切です。しかし、その地域では、場を仕切り、若い住民の意見を聞かない高齢者たちもいて、「住民の話しあい」を実施するのは非常に手間暇がかかると思われています。そこで、問題の発生時も解決時も「住民の話しあい」を含む選択肢は選ばれず、「行政が対応する」を選び続けている間に、住民に「問題は行政がなんとかしてくれる」という考えが根付いたのでしょう。それが「問題を起こす構造」です。その背景には、

住民の「自分たちで話しあうのは無理」、行政職員の「住民に負荷をかけず、助けてあげる」というメンタルモデルがあります。

　この状況を変えるには「住民の話しあい」が鍵となります。行政職員は、困り事を助けてあげるばかりが支援ではなく、中長期的な視点から「行政職員も入ることで、住民の話しあいがうまく進むようにする」支援も必要だと考え方をシフトさせ、その結果、住民たちが話しあいやすくなり、「まず自分たちで話しあおう」という考え方にシフトしていくことが、この地域には必要なのです。

　このように、システム思考を使うことで、全体性や要素間の相互作用、問題対応の行動が元の問題に影響を与えるフィードバック、気持ちや物事の捉え方といったメンタルモデルまでを考え、問題の背景にある構造を見極めることができるようになります。

■問題の解決とは、社会システムの変化を促すこと

　システム思考では、事象は背景にある構造に影響を受け、構造は既存のメンタルモデルを基につくられると考えるため、メンタルモデルを変えることができれば、新しい視点から構造を変えることができ、事象に大きな影響を与えると考えられています。

　構造が変わると、そこに関係する要素間の相互作用の仕方が変わります。その結果、システムが変わってシステムが生み出す結果に変化が生じるのです。サッカーで、同じ選手でもシステムを変えれば負けていた相手に勝てるようになるように、構成員が同じでも状況への変化を起こすことができるのです。さらに、新しいシステムに必要な人を新しく加えることができれば、システムはより有効に機能するようにできます。

　システム思考を使うと、"複雑な問題"の背景には「問題を起こす構造」があり、その構造を生んでいる「メンタルモデル」があることがわかります。ですから、複雑な社会問題を解決するには、問題を起こしている「社会システム」を変える必要があるのです。

　社会問題の解決を「問題や主原因を取り除く」と考えると、表面的な事象に注目してしまいがちです。しかし、問題の構造やその背景にあるメンタルモデルを探り、どのような要素が、どう相互作用しているのか

「問題の起きる社会システム」を考え、「社会システム」をシフトするアプローチが必要です。

　例えば、貧困という問題を扱う時、つい私たちは「貧困のない世界をつくる」といってしまいがちです。その時に注意しないといけないのは、「貧困問題の解決＝差のない世界」ではないということです。資本主義社会では常に差が生まれます。差があるからこそ、努力しよう、新しいものをつくろうと挑む気持ちも生まれるため、差には大切な意味があります。挑戦を行えば、時に失敗するものであり、十分なお金を持てない状況も生じるものです。「差がある」ことが問題ではなく、「困難な状況に陥りそうな時に差の拡大を止められない、一度、差がつくと抜け出せない」ことこそが問題だとわかります。例えば、困難な状況に陥った時、周りに相談ができ、適切なサポートを得て再チャレンジができる環境づくりがあれば、貧困層の固定化を防ぐことができるでしょう。つまり、「貧困問題を解決する」とは、「差をなくす」ことではなく、「状況の悪化を防ぐシステムや困難な状況にある人が諦めずにチャレンジできるようなシステムを整える」ことだといえます。

　SDGsの掲げる「誰一人も取り残されない世界」も同様です。どんな状況でも、先に行く人、遅れそうになる人は生じます。遅れる人を一切出さないと考えるのではなく、それぞれの進み具合をケアし、遅れそうな人には声をかける。そして色々な事情で追いつくことが難しいと気付いた時にはサポートできる。そのような世界の実現こそが「誰一人も取り残されない」というゴールの達成といえます。

　このように、ソーシャル・プロジェクトのゴールとは、問題をなくすことではなく、「問題が起きても問題対応への考え方や動き方が広がり、社会に定着していて、多様な担い手が早期発見や適切な対応ができている」という「問題に対応できる社会システム」を生み出すことなのです。

5
一つになる組織化から、個々を活かすコレクティブな協働へ

▋目指すのは社会システムのシフト

　複雑な社会問題を解決することが、社会システムを新しい状況にシフトすることならば、それは、誰にできるのでしょうか？　社会システムには、考え方も、価値観も、強みも弱みも異なる多様な分野、セクター、組織の担い手が参加しています。

　社会システムという大きなものを扱うのは、個人や自分の組織では無理だと思う方も多いでしょう。そして、社会という大きなものを動かすには、大きな力が必要だと考えてしまいがちです。では、複雑な社会問題を解決できるよう社会システムを動かせるような大きな力を持つのは誰でしょうか？

　アメリカ大統領でしょうか？　巨大企業でしょうか？　資産家でしょうか？

　もちろん、その人たちは大きな影響力を持っています。しかし、その大統領や巨大企業でも単独で社会問題を解決することはできません。例えば、オバマ大統領は「CHANGE」を掲げ、支持を得て大統領に就任しました。しかし、就任後は成果も出しましたが、実現したくてもできなかった政策も多数あります。就任して数年後には、国民から失望が生じ、実現できない大統領という声も出たほどです。大統領やそれを支える優秀なスタッフであっても、多様な要素が絡みあう"複雑な問題"を単独で変えることは難しいのです。

　私たちは問題を解決してくれるヒーローやカリスマの出現を待ち望みがちですが、複雑な社会問題は誰かヒーローが現れれば解決できるわけではありません。ヒーローが悪の根源を見つけてやっつけたとしても、

社会の構造や人々のメンタルモデルが変わっていなければ、形を変えて問題は繰り返されるでしょう。つまり、世界や社会の構成員である私たちが、世界の見方や日常の行動の仕方を変えていくことが最も大きな影響を与えるのです。既存の社会システムがどのような問題を起こしているのか気付くこと、そして自分の生活や仕事、自分たちの組織がどのように影響を与えているのか考えること、そして問題解決のために自分はどう動けばいいのか気付くこと。そのようにして、これまで固定していた物事の見方を、より広げ、多面的に検証し、自分の意思を形作ることが、メンタルモデルのシフトです。そして、それを自分たちだけでなく周りの人たちにも伝え、コミュニケーションしながら、共感の輪を広げていくことができれば、個人の小さなさざ波のような変化が相互作用しあい、大きな波へとなっていくのです。

　これは一見、理想論や夢想のように思えるかもしれませんが、実際に、社会システムの変化は、そのようにして生まれてきているのです。

▌Forces for Goods──世界を変える活動の条件とは?

　実際に、社会システムを変えようとしているプロジェクトは、どのような動き方をしているのでしょうか?

　一つのヒントが、アメリカで社会に大きな影響を与え、世界を良くするのに貢献したといわれている 12 の NPO の活動を分析した書籍『Forces for Good』(2008 年、邦訳『世界を変える偉大な NPO の条件』)にあります。そこでは、社会に影響を与えた取組みに共通する "6 つの原則" を見出しています。著者 R・クラッチフィールドらは、「一般に成果を出す NPO は完璧な経営をして、自団体を大きくし、巨大な予算があるから結果を出せていると思われがちだが、それは本当だろうか?」という問題意識から研究を始めました。そして 12 の団体を調べていく中で、6 つの原則を見出したのです。概要をまとめると以下のようになります。

① 　困難な状況にいる対象者へのサービス提供の活動と、政府と協力して政策転換を促す活動(アドボカシー)を両立させている。
② 　マーケットや企業を敵視したり無視したりせず、強力なパートナ

ーとみなし、市場の力を活用する新しい仕組みを生み出している。

③　活動の支援者が有意義な体験をできるよう工夫し、活動を共に広げてくれるエヴァンジェリスト（伝道師役）に自らなろうという人を増やす。

④　他の同様の活動をするNPOをパイを取りあう競合としてではなく、共にパイを広げる仲間として扱い、NPOのネットワークを築いている。

⑤　団体関係者以外の社会の声を聴き、変化する環境に適応し、戦略的、革新的かつ機敏に動く。

⑥　多様な専門や強みを持つ人に団体の運営に参加してもらい、リーダーの権限を分担して、それぞれの強みを活かせるようにする。

　さらに、この６つの原則に共通しているのは、自分たちの団体が大きくなることや力を持つことよりも、社会が良くなるという成果を重視し、組織内外でどんどんとパートナーシップを活用して連携していることです。本文の最後は、組織としても社会的成果としても成功を収めている団体は「empower others to be forces for good」、つまり「他の人たちが良い行動をとれるように応援し、行動を促した」団体だと括っています。

　私たちは、自分が正しいと思う問題解決の方法を、他者を説得し、自分と同じように動いてもらうことを求めてしまいがちです。それは、自分の正しさや自分の考えが通ることを重視しているからです。ただし、その時同時に、自分の考える範囲のこと以外のことができなくなったり、自分の考えと違う人を排除することにつながったりしてしまいます。しかし、世界に影響を与えてきた団体は、他団体は自分たちと違う強みを持っていることに注目し、その強みを自分たちの目指す世界の実現に向けて活かすという道を辿ってきています。その結果が６つの原則になっているのです。

　対象者のニーズにきめ細かく対応でき、新しい試みもしやすいNPO自身によるサービス提供と、考え方を一つの標準として広げることができる政府の政策化への働きかけとを両立することで、社会の多様な担い手に新しい考え方を早く広げることができます。例えば、NPOが取り組む新しい教育法を活かした政策を政府が打ち出せば、全国の学校で実

施しやすくなります。

NPO は社会課題や現場に精通し、問題解決法を持っており、企業は多くの資本を持ち、多数の拠点や関係者とつながっています。NPO は企業とのパートナーシップによって市場の力を使って問題解決を広げることができます。例えば、環境保護団体 Environmental Defense Foundation は、マクドナルドと組み、食品包装をプラスチックから再生紙に変え、それが業界のスタンダードとして定着するように進めました。

NPO はミッションを共有する人たちとのつながりを持っていますが、よく理解していない人には自分とは無関係、関わりづらいと思われてしまいがちです。その時に、活動に深く共感し、活動の意味や良さを自分の仲間に伝えてくれるエヴァンジェリストによって、自分たちでは届きにくい層に届けることができます。貧困地域や被災地での住宅づくりを行う Habitat for Humanity は、寄付者に被災地での住宅づくりに参加してもらうことで、寄付者が活動の意味を深く理解し、自分たちのコミュニティで話し始めてもらえるようにプログラムを組んでいます。

同じ分野の NPO 同士は助成金や支持者の獲得のために、どちらの進め方が正しいのか、意味があるのかといった競合関係に陥りがちです。しかし、似た NPO 同士で共に取り組むことで、支援や寄付などのパイを広げることが可能となります。若者の建築分野の職業訓練を行う American Youth Build は、全米の似た職業訓練を行う団体と組み、若者の就業力アップの一つのスタンダードと認められるように動きました。

社会の情勢は日々変化していきます。NPO の外の人たち、現場の人たちの声を聴き、社会の変化を理解し、時々の状況で最も成果が出るように柔軟に対応していく必要があります。今、何をすべきか、団体外の人たちのほうがよく見えていることがあるのです。

また、組織が特定のリーダーに依存していると、アイデアや活動範囲に限界が生まれてきます。ミッションやビジョンを共有する人たちとリーダーシップを分けあうことで、より数多くのアイデアや力、ネットワークを活かすことができるようになります。そのためには、多様な強みを持つ人たちに、団体に関わってもらう必要があります。

これら 6 つの原則に共通しているのは、最も大きな成果を生み出すために、強みを持っている人にどう動いてもらえたらいいのか、どうした

らその人たちが動こうと思えるか、動きやすくできるのか、ということを考え続けていることです。問題意識やビジョンを共有し、それぞれができることを活かしながら、連携して動けるようにする「新しい社会システム」を実現することが、社会の変化を促してきているのです。

■個々を活かせるコレクティブな協働へ

　社会システムのシフトの実現には、多様な主体が自ら新しい考え方を取り入れ、自ら動き出すことが大切になります。しかし、各主体は異なる専門・セクターでそれぞれの存在目的を持った主体であり、連携の必要性を理解していても、目的も活動経緯も異なり、場合によっては資金獲得等で競合してきた団体同士が組むというのは簡単ではありません。一つの活動に集約しようとすると、内容の優先順位、進め方、また誰が仕切るのかといった一つひとつのことで意見が割れ、まとめることは難しくなります。調整に手間暇もかかり、頑張っても主要団体の反発や離脱の起きるリスクは小さくなりません。考えの近い人、気のあう人とだけ組むことにすれば楽ですし、効率的に進みそうですが、社会・地域の中のごく一部にしか影響を与えることができず、社会システムのシフトを実現することは難しいでしょう。

　このような難しさから、協力やパートナーシップがうまくいかなくなる事例は、至るところで起きています。それは日本だけでなく、アメリカなどでも同じです。そんな中、2011 年に the Stanford Social Innovation Review 誌に J. カニアらが「collective impact」という論文を発表しました。社会を良くするには地域内の似たテーマの団体が協力することが大切だが、各団体は自団体の成果を中心に考え、結果的に isolated impact（孤立したインパクト）となり、社会変化につながっていないのではないか。その問題意識を基に、コミュニティの教育改革などで課題解決に効果を上げている事例を分析し、「個別団体の個別の成果を超えるには、セクターや専門分野が異なる多様な主体が、地域の課題を共有し、課題解決に不可欠な共有の成果指標とゴールを定め、その達成のために継続的にコミュニケーションをとりながら、それぞれの活動を行うアプローチが有効だ」と報告しました。それを個別（isolated）のインパクトに対して、

表1-2　コレクティブと組合・協議会との違い

	個別の取組み	組合・協議会など	コレクティブな協働
活動と成果	それぞれの活動で、それぞれの成果を生む	個別活動とは別に、一つの組織として活動し、成果を出す	課題と成果を共有しながら個別に活動し、成果を出し、集団の成果も大きくなる
意思決定	各自が意思決定し、他の影響は受けない	集団として意思決定し、個々は従う	全体や他の状況を踏まえ、各自が自ら意思決定する

※筆者ら作成

集合的（collective）インパクトと呼んだのです。

　ここでポイントとなるのが、構成員の力を一つの活動に集約することは得策ではないという考え方です。コレクティブの考え方の前提にあるのは、個々の団体は自立（independent）しているということです。地域の多様な活動を一つの活動に集約しようとして、新しい組織をつくり、各団体をその一部として位置づけようとすると、団体の自立性が奪われます。自分たちの大切にしていることや進め方を侵害されるかもしれないという潜在的な恐れが、活動での自己主張の強さや合意の難しさにも影響を与えてしまいます。しかし、自立を大切にして自分たちだけで物事を進めると、孤立（isolated）した成果しか生み出せず、それは各団体の存在意義やビジョンとズレてしまっているはずです。そこで、自立した活動を前提に、それぞれの活動を行う主体が、継続的に対話を重ねながら協調行動をとろうというのが、コレクティブな協働です。（表1-2）

ゆりかごからキャリアまで——Strive Partnershipの考え方

　コレクティブな協働の事例として、先に挙げた論文でも紹介されている米国シンシナティ発の教育改革プログラム「Strive Partnership」があります。このパートナーシップの特徴は、地域の子どもたちがこれからの社会で就職できる力を身に付けることができるように、「ゆりかごからキャリアまで」を共有の目的とし、共通指標を設け、その指標の向上に地域の力を総動員しようというものです。実際に、地域の学校、PTA、教職員組合、地域学校区の代表、行政、企業、財団、大学、NPOなど、300以上の団体のリーダーが参加し、定期的に状況を共有するミーティングを続けています。

地域の教育に関わる団体は多数ありましたが、当初は別の活動領域であり、考え方も違うため協力しあってはいませんでした。そこで、Strive の事務局は地域の各団体に、「地域の教育で大切な目的は、子どもたちが将来幸せに生きることだ。それを実現するために、何が足りていないのか。共通の原因を探りたい」と声をかけ、ミーティングを重ねていきました。

　そして、大学入学適性試験の成績を高め、大学などの高等教育機関に進学できる生徒を増やすには、次の 4 つの課題があることがわかりました。1 つ目が「高校中退者を減らすこと」です。進学意欲のあった生徒が、ある者は経済的理由で、ある者は学力がついていかず、中退してしまっていました。壁にぶつかった高校生をサポートする活動に力を入れる必要がありますが、サポートしても高校の勉強になかなか追いつけない生徒がいます。その生徒が、どこでつまずいたのか調べてみると、2 つ目の課題「8 年生（中 2）の数学」が大きな分かれ目になっていると見えてきました。また、中高生の指導で壁になるのが、新しいことを学ぼう、勉強しようという姿勢が弱いと、成果が出ないことです。勉強への姿勢はどこが分かれ目になるかというと、3 つ目の課題「3 年生（小 3）の読書習慣」が鍵になることが見えてきました。その頃までに読書への関心が高まり、多様な本に触れていることが、その後に大きな影響を与えるのです。しかし、「小学生に本を読もう」「勉強は面白いよ」と伝えても、響く子どもと反応の弱い子どもがいます。その差はどこから来るのかと考えると、実は「小学校の 1 日目」が大切だということがわかりました。教育に熱心な親は、学校に入るまでにアルファベットや簡単な算数などを教え、実験などの体験をさせています。しかし、貧困家庭など親に余裕がないと、十分な家庭教育がないままに学校に入ってしまいます。すると、小学校に入ったその日からすでに「できる子／できない子」の差があり、「自分はできない子なんだ」と思ってしまった子どもは、勉強への意欲を持ちづらくなってしまうのです。4 つ目の課題として「家庭での学校に入る準備」が浮かび上がってきました。

　Strive では、この 4 つの課題を共有し、それぞれがそれぞれの教育活動を行うことで成果を上げるようにしようと、「学校に入る準備ができている家庭の数」「3 年生の読書習慣率」「8 年生の数学の成績」「高校の

中退率」「大学の進学率」「大学入学準備試験の成績」の6つの指標を毎年計測し、地域の団体と共有し、この数字を改善するにはどうしたらいいか、状況の変化にどう対応していくか、今も300団体が15のワーキンググループに分かれて定期的に話しあいを続けているのです。

ここで注目すべきは、Strive自体は新しい教育プログラムをつくっていないことです。彼らは共通指標の整備や話しあいの場づくりに徹し、各団体は共通指標を見て、指標改善のために自分たちに何ができるか考えつつ、自分たちの自立した活動を行っているのです。これが、「コレクティブ」の特徴です。

また、大学進学というテーマから始まったのに、幼稚園時代の家庭環境にまで課題が広がっているのが特徴です。これは、各ステージで取り組む団体が「自分の活動の成果を生み出したい」と強く考え、自分の活動の成果を生み出すには、前提条件が整っていることが必要だという考えを持つようになったからこそです。高校生支援の団体は、最初、「高校生支援をしていると、こういう課題がある。こういう生徒は支援をするのが難しい」と話したのに対して、多様な教育関係者が意見交換する中で、「高校時代に支援を受ける生徒は、中学生時代の学力が十分ではないのではないか。中学生時代の支援を充実すれば、高校時代に成果を上げやすくなる」ということに気付いていったのです。そして、高校生支援と中学生支援の活動を一つにまとめるのではなく、中学生支援の団体は、高校で何が起きているのかを知った上で、自分たちの活動がより良い成果が出せるように工夫していくのです。

この取組みには、3つの大きな前提があります。

1つが、勉強のできない子を「その子のせい」と自己責任に帰せず、「勉強ができない子を生み出す構造がある」という考え方をしていることです。できる子、できない子という判断をしがちですが、「誰もが可能性を持って生まれてきているのに、現状で差があるのは、どこかで分岐点があるはずだ」と考え、その分岐点を生み出している構造を探っていく姿勢があります。

2つ目は、成果を対象者（子ども）の人生が成功することに置いていることです。各団体は、自分たちの団体の活動がどういう結果を出したかを考えますが、パートナーシップでは、対象者の状況を共有すること

に徹しています。

　3つ目は、自分たちの活動の限界を認め、口にしていることです。自分たちの活動の成果ばかりでなく、本当は達成したいのにできていないことがあると伝えることで、その活動がどのような環境や条件が整えば、もっと成果が出やすくなるのかを紹介しています。これは、それぞれが頑張っていることを前提とし、その強みを発揮するにはどうしたらいいか、話しあう土壌ができているからこそできることでしょう。

　Strive Partnership の考え方、進め方は、全米の他の都市の教育改革でも活用されています。そして、教育に止まらず、社会システムの変化を促すために必要なことを、数多く示唆しているのです。

┃コレクティブインパクトを生み出す条件

　J. カニアは論文でコレクティブインパクトを生み出すには、5つの要素が必要だと述べています。

① 「課題を共有すること」：地域で起きている問題を多面的に理解し、問題解決には多数の要素が関係していることを共有する必要があります。そして、単独の活動では対応が難しく、連携しながら取り組んでいく課題は何なのか、共有します。

② 「成果と達成指数（KPI）の共有」：コレクティブインパクトとして生み出したい成果は何かを分かちあい、その実現に向けた成果の達成度を客観的に示す指標（KPI）を設定します。

③ 「お互いに強化しあう関係づくり」：それぞれの活動には異なる強みや経験があります。他の団体がそれを知り、自分たちにない強みを持つ団体と協力することで、その活動は強化されます。そのような活動を強化しあえる関係が広がることで、地域全体のレベルアップが加速します。

④ 「継続的なコミュニケーション」：課題の状況やKPIの進捗状況を話しあい続けることで、問題への多面的な理解と他団体の強みや活動内容への理解が深まり、自分の団体がどのような活動を行えば効果を出せるのか、どこでどの団体と組めばよいか自ら考え

ることができるようになります。また参加者同士が、課題に共に取り組み、成果を出しているという実感を持つことで、連携も深まっていきます。

⑤ 「バックボーン（背骨）組織」：多様な団体が集まる場をつくり、相互作用を促す必要があります。また必要に応じて、協働活動の資金獲得などの支援を行います。セクターも専門も違う多様な団体から信頼される存在でなければなりません。

5つの要素を考える上で大切なのは、各主体は自らの意思決定で自分たちの活動を行うが、お互いから影響を受ける環境を整えるために、何が必要かということです。集まる理由があり、集まって何を生み出すのかを明確にすること。そして、たとえ少しずつでも集まっていることで成果が出始めていることを自覚できるように、KPIが必要になるのです。そして、互いの足を引っ張りあい、相手に責任を押し付けあうのではなく、お互いの強みを理解しあい、活かしていこうという場をつくることによって、協力は生まれます。

ただし、このような場をつくるのは、最初からすぐにできるわけではありません。どの地域でも、連携の必要性を理解しても、目的も活動経緯も異なり、競合もしてきた団体同士が、対等でオープンに深い関わりあいをするのは難しいからです。

そのために、コレクティブインパクトを進めるには、この活動への準備（レディネス／readiness）が必要だといわれています。例えば、次のような準備が必要です。

・ 関係者は、問題が一筋縄ではいかない複雑で、重要な課題であることを認識できているか。
・ 問題の要因・予防・影響が多岐にわたっていて、多数の主体が参加しないと解決できないと理解されているか。
・ 多くの担い手が時間を割いて関わろうと思うほど、緊急性の高い問題なのか。また問題の緊急性が理解されているのか。
・ それぞれの担い手が個別でのアプローチの限界を自覚できているか。その上で、その限界の突破には、これまでの個別活動中心の

考え方や習慣を放棄し、お互いに影響を与えあうことを受け容れられるか。

・　それぞれの担い手が目的の達成のために必要な時間と資源を割くことに同意できるか。その必要性を理解できているか。

　指示や契約によって協力するのではなく、それぞれが相互作用の中で主体的に協力し続けるには、個々の中に問題解決への強い気持ちが必要となります。その気持ちの強さとは、「自分が解決したい」という強さではなく、自分（自組織）の限界を深く受け容れるという強さです。それは、野球やサッカーのプロ選手が、「いくら自分に力があっても、チームとしての力がなければ試合に勝てない」と深く受け容れるのに似ています。社会問題を扱う時に難しいのは、スポーツの試合のように、結果がすぐに目に見えず、わかりづらいことです。だからこそ、達成状況（KPI）の共有が大切なのですが、自分たちの活動もある中で、地域の指標を自分事として捉えるのも容易ではありません。

　ですから、関わる人たちの対話のプロセスが鍵となります。時間をかけて対話を重ねる中で、問題を深く理解し、お互いの思い、強みや課題を理解しあうことを通して、関係性を醸成する過程がコレクティブな協働への readiness となり、新しい社会システムを生み出す基盤となるのです。

6

つながる力を新しい未来の創造に活かしてソーシャル・プロジェクトを成功させよう!

　"複雑な問題"の解決、コレクティブな進め方からわかるのは、ソーシャル・プロジェクトは、誰かが活動内容を設計し、実行計画を決めたらすぐに実施でき、成果を出せるものではないということです。

　複雑な社会問題を解決するには、物事の見方が違う、専門が違う、扱う範囲が違う、使えるリソースが違うという「違い」を活かす必要があります。しかも、多様な担い手がお互いの違いを認めあい、自分だけでは見えないこと、できないことを託しあえる関係が必要となります。

　これまでの社会問題解決の取組みでは、「何をしたら問題を解決できるのか」と解決を急いだり、今自分たちがすぐにできることや単独で行えることに走ったりすることが多く、現場の体験や話しあいを通した問題の探究や、関わる人の時間をかけた関係づくりは、どちらかというと重視されないできました。また、多様な担い手を一つにしよう、同じ考え方、進め方にまとめようと急ぐがゆえに、違う強みをうまく活かせなかったり、違いへの反発からバラバラでの活動になったりしてしまいがちでした。その結果、協力の大切さを否定する人はいませんが、実際の動き方は「自分は自分」もしくは「誰か責任をとってくれる人の指示があれば担当を担う」となりがちです。その背景にあるのが、要素還元的、線形的な問題解決の思考フレームです。その思考フレームに最適化することで、20世紀は発展してきました。経済は経済、社会は社会、ビジネスと地域活動は別、環境は環境と分けて考えることで、専門性を高め、効率化を進めてきました。その結果、これまでの経済社会から取りこぼされたのが、現在の社会問題です。

　ですから、複雑な社会問題を解決するには、"複雑な問題"に対応できる社会システムを創る必要があるのです。それは、20世紀を支えて

きた経済社会の仕組みから新しい経済社会のモデルへのシフトに他なりません。それには、古い構造が生み出した問題を予防したり、早期発見できたり、早くに修復できる社会システムをつくることが必要です。つまり、複雑な社会問題を生み出している既存の構造を、新しいつながりが"創造的破壊"するのです。

"創造的破壊"は破壊の側面が強調されがちですが、経済学者のシュンペーターが唱えたのは「新結合が機能することで旧結合が無効になる」ことです。そのような新結合がイノベーションと呼ばれるようになったのです。20世紀初頭に、シュンペーターは鉄道や自動車が、馬車を前提とした地域の構造を根本から変えることに注目しました。今、まさに貧困の克服、脱炭素化、資源保全など数多くの社会問題に対して、「ソーシャル・プロジェクト」が新しい社会システムを生み出すことで、問題を起こす構造を変えるソーシャル・イノベーションが求められています。そのようなソーシャル・イノベーションが増え、「誰一人取り残されない」新しい世界を生み出すのがSDGsのゴールです。

だからこそ、問題を共有し、個々の大切さを活かしながら相互作用を続けていけるような「つながり」を育てるために、多様な主体がコレクティブな協働に取り組む必要があるのです。その協働で生まれた新しいつながりが新しい社会システムの血管となった時、「ソーシャル・プロジェクト」は成功したといえるのです。

問題に向きあい、他者の力を借りてまで問題の解決を追い求めることから、「課題解決」と「未来創造」を兼ね備える「ソーシャル・プロジェクト」は始まります。ただし、その成功には、問題解決の考え方のシフトが必要となり、進め方の技術が必要です。それを次章から詳しく見ていきましょう。

新しい社会システム構築による
価値創造を目指す
ソーシャル・プロジェクト事例

社会システムのシフトにより、経済・環境・社会の問題を同時に解決し、
次世代価値の創造を目指すソーシャル・プロジェクト事例を紹介します。

Levi Strauss＆Co. Worker Well-being Initiative

アパレルメーカーのリーバイストラウス社は自社製品を作る働き手の生活を改善するために、工場での労働環境や契約の改善に止まらず、サプライヤーと地元組織と協力して、家計の改善、健康と家族の福利、平等と多様性の受容を推進している。

同社は 2011 年に、より持続可能なサプライチェーンを構築するために、働き手の生活環境の改善まで広げるパイロットプログラムを 5 か国でスタートした。まず、サプライヤー毎に工場労働者の生活課題を調査し、バングラディッシュでは出産後の職場復帰、エジプトでは欠勤や退職率を減らす女性健康教育、ハイチでは家計改善など地域毎のニーズを特定し、そのニーズを満たすプログラムをサプライヤーと地域の非営利団体や NGO との協働で実施した。その結果、ハイチでは第 3 者機関による調査で 91% の職務満足度、エジプトでは 1 ドル投資あたりに 4 ドルの収益を生み出すなどの成果を上げた。各プログラムの実施にあたっては、サプライヤーと課題を共有し、彼らにビジネス上の価値を示すパートナーシップによって、リーバイス社からの直接資金投入がなくても、サプライヤーの投資も含めた主体的な参画によって実施されており、持続可能なモデルを実現している。この成果を基に 2016 年 10 月からサプライチェーン全体への導入を開始し、2020 年までにプログラムを享受した 20 万人の働き手が全製造量の 80% に到達することを、また、2025 年までにすべての戦略的ベンダーでの実施を目指している。

また、同社は、このような取組をアパレル業界全体に広げるために、ベストプラクティスや実施手法を一般に公開している。

出典：http://levistrauss.com/sustainability/people/#apparel-workers

Better Cotton Initiative

　綿花を持続可能な生産に変革することによって、生産者にとっても、環境問題にとっても、セクターの将来にとっても better にすることを目指して、世界の企業や NGO らが参画するイニシアティブ。綿花生産は大量の水や化学肥料を使い、農薬や除草剤の使用による土壌汚染、劣悪な労働条件などの問題を抱えていた。そこで、「殺虫剤などの作物保護の慣行による有害な影響を最小限に抑える」「水を効率的に使用し、持続可能にする」「土壌の健康を守る」「自然生息地を保全する」「繊維の質の維持」「質の高い労働慣行」の 6 つの原則を守るものを「Better Cotton」と定義し、認証を行うと共に、生産者に対して先進的な灌漑技術の利用や生態学的に健全な栽培など、持続可能な生産を促進している。

　2005 年、世界自然保護基金（WWF）が率いる「円卓会議」において、綿花生産の課題と将来を考えるために、adidas、GAP、H&M、IKEA らの企業と NGO の対話から立ち上がった。問題やフレームワークの検討を踏まえ、2010 年～ 2012 年にブラジル、インド、マリ、パキスタン、中国で、持続可能な綿花の生産・流通のコンセプトをテストし、さらなる拡大のための改善、改良、世界に展開するための標準化システムづくりを行った。そこで、パキスタンの参加農家の利回りが 14％向上、中国で水使用量の 19％削減などの成果を出し、それを踏まえて 2013 年より展開を進め、2016 年末には 23 か国、666 の小売業者とブランド、846 のサプライヤーと製造業者、31 の生産組織、33 の NGO らの参画するネットワークに拡大した。2015 年 9 月に IKEA はすべての製品で持続可能な綿のみの使用を実現するなどグローバル企業の調達基準の変革を進めている。イニシアティブでは、2020 年までに Better Cotton が世界の綿花生産量の 30％に達することを目標にしている。

　出典：https://bettercotton.org/

味の素グループ栄養改善プロジェクト

味の素グループの食品やアミノ酸についての知見を途上国の深刻な栄養不足の問題を解決するために活かすソーシャルビジネスの実現を目指して、2009年よりスタート。離乳食の栄養バランスを改善・強化するサプリメントの製造・販売を通じて、離乳期の子どもの栄養改善への貢献を目指している。ガーナでのソーシャルビジネスのモデル開発では、政府機関、NGO、国際機関、企業とパートナーシップを築いている。

栄養面に加え、ガーナの食生活や味覚も考慮し、購入しやすい商品を提供するための現地ニーズを探り、開発を進めるため、ガーナ大学、INF（栄養問題に取り組む米国NPO）、Plan（子ども支援NGO）、DSM（途上国での取組実績のあるオランダのライフサイエンス企業）らと連携した研究開発を行った。その結果、現地の伝統的離乳食「koko」に不足している栄養素を補うアミノ酸入りサプリメント「KOKO Plus」を開発。現地食品企業 Yedent 社を生産パートナーとして、味の素グループの技術やノウハウを提供し現地での生産を行った。栄養効果試験、流通モデル試験を踏まえ、母親たちに栄養の大切さを教える教育活動、現地の女性販売員の仕組みの構築を含めた流通体制を確立した。その過程ではガーナ保健省、GAIN（世界の栄養問題解決に取り組むNPO）、CARE（貧困撲滅を目指す国際NGO）、南アフリカのソーシャルマーケティングカンパニー ESM、米国国際開発庁との連携を実施。全体のプログラムに対して、JICA、UNICEF、WFP などの支援も得ている。

このようなガーナでのパートナーシップによる事業開発の経験を踏まえ、味の素グループでは他国への展開も始めている

出典：https://www.ajinomoto.com/jp/activity/csr/ghana/

第2章

コレクティブな協働へ

問題解決に関わる用語の定義をシフトしよう

複雑な社会問題に挑むには、「問題を要素に分解して主な原因を見出し、その除去によって解決する」という考え方から、「社会の多様な担い手が相互に作用しながら問題に取り組むことで、社会システム全体の問題対応力を高める」という考え方にシフトしていく必要があります。ただし、新しい発想で社会問題の解決に取り組もうとしても、自分自身も関わる人たちも、分解・個別・線形的な問題解決に慣れている人が多いのが現状です。

「新しい酒は新しい革袋に入れないといけない」といいますが、いくら新しい発想で問題解決に取り組もうとしても、解決後のイメージや進め方について分解型の問題解決のイメージを前提にしている人がいると、「非効率的だ」「事前の評価基準が必要だ」「先が見えない」と、考えがぶつかってしまいます。お互いに対して何か違うと思いながら、整理ができていないと、議論が混迷したり、意見がぶつかったりして活動が停滞してしまうでしょう。

　これまでの問題解決で無自覚に使っていた問題や解決策に関わる用語の定義、つまり「前提となっていること」に無批判なままでは、議論や取組みに混乱が生じてしまいます。自分自身も、関わる人たちも、問題、解決策、協働に、どのようなイメージを持っているのか、これからどのような考え方を標準にしていくのかを整え、共有していくこと（規範的統合）が不可欠となります。

　そこで、本章では、分解・個別・線形的な問題解決から、動的で包括的な問題解決にシフトするには、社会問題の解決に関わる7つの用語の定義、考え方をどのようにシフトしていく必要があるのかをまとめました。（図2-1）7つの用語のイメージは、初期段階ではバラバラでしょう。誰が、どのようなイメージを持っているのかを確認し、事前の話しあいや実施の中で考え方のシフトを促すことができれば、共通基盤（規範的統合）のある協働を効果的に行えるようになるのです。

図2-1　第2章で考える社会問題の解決に関わる用語

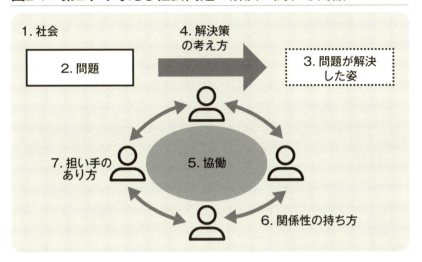

シフト1 社会・地域

社会・地域の捉え方をシフトする

表面的な変化はあっても、社会の基盤となる構造や地域の文化は急には変わらない	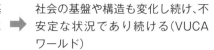	社会の基盤や構造も変化し続け、不安定な状況であり続ける(VUCAワールド)
地域、国内、海外の社会は別の基盤に立ち、個別の枠組みで運営する	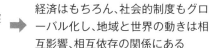	経済はもちろん、社会的制度もグローバル化し、地域と世界の動きは相互影響、相互依存の関係にある

「日本は丁寧なものづくりが得意だ」「この地域の高齢者は新しいことが苦手だ」というように、「日本らしさ」や「この地域の文化」といった、多くの人が共通認識を持っているであろうイメージを前提に議論を始める場合があります。確かに、国や地域には比較的多数に当てはまる生活習慣や物事の考え方の傾向があります。そして、「日本らしさ」「この地域らしさ」は大きく変化しないものだと考えられがちです。

　もちろん長い時間をかけて培ってきた社会基盤や文化は、脈々と受け継がれていき、それが自分や地域のアイデンティティと深く結びついています。そのことは大切にしていく必要がありますが、大きな傾向としては当てはまることでも、いつも全員がそうではなく、しかも、社会基盤や文化も常に変化していると自覚していないと、問題を見誤ることがあります。さらに、「この地域ではそんな問題は起きない」「その事件は日本らしくない」「うちの会社に限ってそんな不祥事は起きない」という視点に立っていると、問題があること自体を認めることができず、問題が起きていても直視せず、流してしまいやすくなります。また、地域だけでなく、「高齢者は」「団塊の世代は」「平成生まれは」というように、世代などに対しても当てはめてしまいがちです。

　心理学では、物事を既知のパターンに当てはめて効率的に認識するこ

とは、"スキーマ"と呼ばれます。パターンに当てはめることで、人は物事を速く把握したり、処理できたりできます。ですから、スキーマは効率的な処理や大きな傾向の把握には役立つのですが、その一方で、スキーマがあることに無自覚でいると、個々の状況を丁寧に把握せずに決めつけてしまい、「こうなっているはず」という思い込みから、目の前の変化を見落としてしまうことにつながるのです。

例えば、「日本人は勤勉だ」「日本の親は教育熱心だ」「日本は環境問題に熱心だ」などは、本当なのでしょうか？　Yes か No だけで決めつけず、自分の国や地域に対して持っているセルフ・イメージに縛られずに、今、何が起きているのか、現状を検証していく必要があります。

さらに近年、"VUCA ワールド"という言葉が使われています。VUCAとは、変動性（Volatility）、不確実性（Uncertainty）、複雑性（Complexity）、曖昧性（Ambiguity）の4つの頭文字をとったもので、「現代のビジネスや社会が既存の枠組みでは捉えづらいこと」を象徴しています。"VUCA ワールド"では、既存の枠組みにとって未知な状況がどんどん生じ、これまでの延長線上では予測できません。日本も、地域も、今の組織も"VUCA ワールド"にいます。10 年前、20 年前には、思ってもみなかったこと、「まさか」と思うようなことがどんどん起きています。

また、グローバル化という時、経済のグローバル化を前提に考えることが多くありました。経済のグローバル化はスピードが速く進んできましたが、個人もインターネットでつながれる時代には、グローバル化は個人や社会も進んでいくでしょう。例えば、「仕事はプライベートより優先すべき」「子育ては女性がするものだ」という考え方は、グローバルな動きとのつながりからも見直す必要があります。

このような状況の変化を受け容れていくことは、これまでの日本や地域の良さや文化を否定するということでありません。情報が高速に世界中を動き回る中で、「自分たちはこうだから」「他者は関係ない」が通用しなくなることを理解し、自分たちの地域や社会を一つの視点だけでなく、新しい視点や他文化の視点から見直し、再検証し続けていく姿勢へとシフトすることが求められているのです。

シフト2　問題

問題とは？をシフトする

客観的、論理的に分析すれば何が問題か、何が重要な原因かが明確になるもの　→　多様な要素が相互に作用しあい、複数の文脈が絡みあうため、分析で問題と主な原因を一つに同定できないもの

　問題を解決するには、何が問題か、主な原因は何かが明確になっている必要があります。これまでは、論理的に要素に分解して分析すれば、重要な原因は何か明確にでき、その問題を解決できると考えられてきました。

　しかし、今起きている問題や、特に長らく問題が指摘されているのに解決ができていない問題は"複雑な問題"と呼ばれます。多数の要素からなり、かつ要素が相互に影響しあい、時間の中で状況が変化していく"複雑な問題"では、何が問題か、何が主な原因なのか、それらを明確にすること自体がとても難しいのです。これまでのように、「論理的に分解する」というアプローチだけで問題を同定し、それを解決するというのでは、問題も原因も把握できないのです。

　そのような状況では、表面に起きている出来事だけに注目するのではなく、その出来事の奥にある「問題の構造」を探る必要があります。このような、表面に起きていることの奥には大きな課題があり、そこまでを視野に入れた問題そのものの捉え直し（問題の捉え方自体をシフトすること）の必要性は、よく「氷山モデル」（表面に出ているのはごく一部で、問題の本質は水面下に大きく広がる構造やメンタルモデルにある）といわれます。

　これらの"複雑な問題"は、何か一つの原因があり、それがなくなれば問題はなくなるという状況ではなく、社会の様々な要素、その関係、構造や考え方といった社会そのものの歪みが、社会問題として表に出た

ものだといえます。

　さらに、地球環境問題のように "複雑な問題" がさらに絡みあうことで、「世界的で複雑な問題群」（Global Problematique）と呼ばれるような状況にも私たちは直面しています。SDGs が示しているのは、先進国の私たちの生活スタイルが、途上国の貧困や環境破壊に大きな影響を与えていることです。世界の問題はつながっているのです。

　問題を考えるにあたっては、目の前で目立つ現象にのみ注目せず、何が起きているのか、なぜそうなっているのか、どのような構造が背景にあるのか、探求し続ける必要があります。

例：待機児童問題の「問題」とは？

　例えば、待機児童の問題を考えてみましょう。待機児童を入園希望者数と入園可能数のギャップと考えると、「入園可能数が希望数を充たしていないことが問題だ」と考え、「保育園をつくるなどして、入園可能数を拡大すればいい」という解決策になりがちです。これまでも多くの地域で、この問題を「保育園をつくる」ことで解決しようとし、実際に「待機児童がゼロになった」と宣言した地域もありました。しかし、そう宣言した翌年から、その地域でまた待機児童が増え、以前よりも状況が悪化してしまうことが多くあるのです。

　この問題では、「入園可能数が希望数を充たしていないことが問題だ」という問題認識を改める必要があります。

　自治体が待機児童を減らそうと、保育園をつくって入園可能な数を増やしたとします。その結果、待機児童が減ったとすると、「あの自治体は保育園に入りやすい」とニュースになります。すると、周辺地域が入りづらい場合、保育園入園のために移住する人が増えます。同時に、地域内でも「入りやすい」となれば、預けるのを諦めていた人も「それなら預けたい」と希望者が増えるでしょう。地域内外から希望者が増え、待機児童の状況は悪化します。しかも、それに対して保育園の増加で対応していると、入園可能数の拡大によって保育士の数も拡大し、保育士不足の状況では人員確保が難しくなり、自治体の人件費負担が大きくなります。また、新しく保育園をつくったり、拡大したりための場所や費用も必要になります。

自治体予算が限られている中で、予算の確保も難しくなります。

　待機児童問題とは、単に入園希望者数と可能数のギャップという問題ではなく、潜在的なニーズや子育てストレスにどう対応するのか、今の時代における保育園の役割とは何か、母親や保育士の働く環境をどう整えるか、限られた予算で何を優先するのか、どのように地域内で予算配分のコンセンサスをとるのか、自治体や政治家は何をPRするといいのか等々の多面的な問題が関係している問題です。

図2-2　保育園の待機児童問題のループ図モデル（一部）

待機児童に関する要因を、システム思考で使うループ図を使って分析している例。中央の「保育園増設で待機児童をなくす！」というループで問題解決を実施すると、一見、解決に向かいそうだが、地域内外の入園希望者の拡大、運営費、建設費の負担増など、副作用ループが遅れて発生し、問題解決を難しくすることになる。

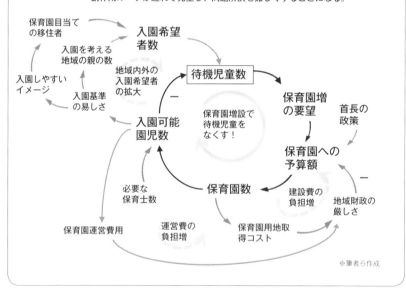

※筆者ら作成

シフト3 問題が解決した姿

問題が解決した状況の考え方をシフトする

問題と原因を分析によって同定し、悪い部分を取り除けば解決できる　➡	その場の構成員が相互作用を通して、それぞれがレベルアップし、システム全体としての力を高めるプロセスが大切
主たる組織・専門家が解決策をつくり、同じ内容を対象者が実行する　➡	社会、地域、コミュニティが問題への対応力を高め、予防・早期発見できる力を持てるようになる

　第1章で述べたように、社会問題が解決した状況とは、問題や主な原因を除去した状況ではなく、問題に関わる多様な主体それぞれが問題への対応力を高め、連携して社会全体の対応力が高まっている状況です。社会問題は多様な要素が相互影響してシステムとして生じている以上、問題に対応するには、多様な専門性や強みを持つ担い手が連携し、相互影響しながら対応できるシステムを生み出すことが必要なのです。

　これを医療に例えると、従来の問題解決は「診察し、分析を通して病気の原因を見つけ、その原因を薬や手術などで取り除く」ことが「病気を治す」ことになるという西洋医学的な考え方と似ています。それに対して、「病を持つ人に注目し、全人的なバランスを回復し、その人の治癒能力を高めていく」ことで「病気が治る」、または「病に対応できる身体を整える」という東洋医学的な考え方があります。複雑な社会問題が解決する時のゴール・イメージは東洋医学的な考え方に似ています。

　また、問題解決というゴールを「問題がなくなること」にすると見誤ります。どんな時でも問題は起き得ることを共有し、「問題が起きるかもしれない状況、起き始めた状況に早期に対応し、予防や早期対応を可能する。そして、いつ、どこで問題が起きたとしても、適切な時に対応できるノウハウを多くの人が持ち、適切な担い手につなぐことができる」

という状況がゴールといえるでしょう。例えば、学校で「イジメをゼロにする」という目標を立てると、「イジメはあってはならない」という意識に陥りがちです。そうすると、「イジメの可能性があるかも？」という状況があったとしても、あってはならないことだと考えて教師も生徒も視野から外したり、気になっていても声に出さなくなったりしがちです。「イジメはいつでも起きるものだ」と考えていると、問題の芽に気付き、早くに口にしやすくなり、関わる人たちで話をしやすくなるのです。その際、問題とどう向きあうのか、どう話しあうといいか、どのような専門家に相談すればいいのか、当事者も関係者も知っている状況が必要です。

　ここで重要なのは、問題の解決には、個々人の意欲やスキルなどの対応力（キャパシティ）を高めるだけでなく、その対応力を使える環境や支えてくれる人たちが大切になるということです。問題が起きるのも、解決するのも、誰か特定の人の責任という自己責任論を超え、問題が起きづらい構造、起きても対応できる構造を整える必要があるのです。

　このように、問題の当事者自身が多様な担い手の力を借りながら、多様な社会資源にアクセスすることができ、自らの問題に向きあい、対応できるようになる状況は、「結合的ケイパビリティが高まる」ということができます。ある状況で、そこにいる人が適切な選択肢を認識でき、それを選択し、実行し、結果を出すことができる可能性をケイパビリティと呼びます。例えば、「イジメかもしれない」と感じた時に、それを生徒が口にできるかは、「教師や家族がきちんと話を聴けるか」「家庭や学校をバックアップできる専門家とつながっているか」「そのような生徒や教師を守る仕組みがあるのか」「学校でイジメの可能性が起きても強く非難しない行政や社会風土があるのか」など、多層的に状況が整っているかによって決まってくるのです。

　複雑な社会問題への対応は、当事者だけでも、単独の担い手だけでもできません。当事者と多様な担い手とが連携し、それぞれの持つ力を十分に発揮できる全体的な状況（結合的ケイパビリティ）が必要となるのです。

　図2-3のように、持続可能性のある社会構築には、多様な主体の能力の連関が必要とされています。能力は、個人の能力だけではありません、

組織（組織能力）や市民（市民能力）の対応力を高め、有機的に連携することが、よりよい社会状況の構築につながるといえるでしょう。

図2-3　結合的ケイパビリティ・イメージ

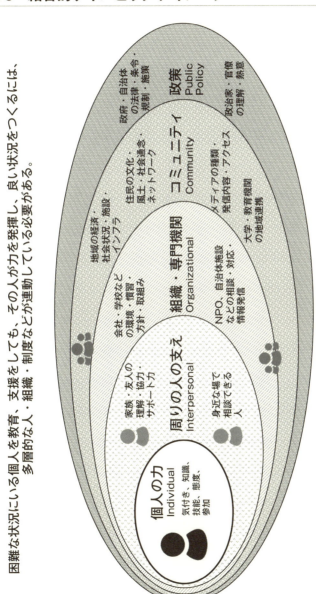

困難な状況にいる個人を教育、支援をしても、その人が力を発揮し、良い状況をつくるには、多層的な人・組織・制度などが連動している必要がある。

※Combined capabilityの概念と、CDC「Social Ecological Model」を組み合わせ、筆者ら作成

例：待機児童問題の「問題解決」とは？

　待機児童の問題を解決するには、多様な主体の参画が必要となります。保育園を増やし、入園可能数を増やすことも必要ですが、それだけでなく、現代の子育てストレスを軽減したり、親たちの働き方を見直したりすることも必要です。子育てストレスの軽減には地域コミュニティやNPOの力も、働き方の見直しには企業の力も必要となります。地域コミュニティで助けあえる関係づくりやボランティア活動、事業型NPOの活性化、ビジネス環境、人材の採用や評価のあり方なども関係してきます。また、夫婦や家族、友人らでの役割分担や助けあえる関係も大切になってきます。

　保育園も従来のような大規模なものではなく、小規模なもの、企業内や公共施設内のものとの役割分担や連携も必要となります。また、保育士の雇用環境をより良くし、働き手を増やす取組みも必要です。

　さらに、これらの取組みに関する情報を共有し、必要とする人に届ける仕組みや困った時に気楽に相談できる環境も必要です。しかも、それをどこかの自治体単独で行うのではなく、地域づくりや子育て環境の総合的な広域連携を進めながら行う必要があります。

　これだけでも多様な担い手が関係していますが、もっと多くの要素を検討する必要もあるでしょう。もちろん、すぐにはできないのですが、このようなゴール・イメージを持ちながら問題への対応を考えていく必要があります。そうせずに、目の前の対応ばかりを追いかけると、どこかに歪みが生じ、しわ寄せがいきます。「自分たちの地域がよければ」「自分が助かれば」を超えて、パートナーシップで問題解決のゴールや進め方を見直していくやり方へのシフトが必要なのです。

シフト4　問題解決の進め方

問題解決の進め方をシフトする

分解→原因同定→解決策の実施と線型的に進む	問題の理解→解決策の試行→評価と問題理解の深化→解決策の改善…と循環して進む
普遍的な解決策がある	社会、地域、コミュニティそれぞれにとって最適な解決策は違う（状況的）
解決策、目標、進め方が事前に定められ、それに則って進行管理・評価がされる	状況の変化や相互作用の中で、問題の理解や解決策の知恵が深まり、進め方も変化していく

　このように問題解決のゴール・イメージが変わってくると、「問題解決」に対する考え方もシフトしていく必要があります。

　これまでの問題解決策は、線形的な問題解決アプローチに基づくものが大半でした。線形的な問題解決アプローチとは、「問題の論理的な分析 → 重要な原因の同定 → 原因をなくす解決策の設定 → 解決策の実施 → 解決」というように一方向に物事が動いていく進め方です。ここでは、「問題の除去＝問題の解決」といえ、一度の取組みで完結できるイメージもあります。「悪い奴をヒーローがやっつけたら世界に平和がくる」というイメージが近いでしょう。

　しかしながら、"複雑な問題"は、多数の要素が相互作用しており、問題や相互作用の影響が時間的に遅れて出てきたり、合理的な解決策であっても反発を招いたりなど、時間や心理も影響しています。問題自体が時間や状況によって、違う様相を見せてきたり、重要な原因が変化していったりするのです。これまでの分析的な思考は、要素間の相互作用、人々の感情、時間の推移の中での適用は得意としていませんでした。

さらに、問題に多様な要素が関係し、解決にも多様な担い手が必要になると考えると、同じような問題であっても、社会・地域・コミュニティによって起きている状況、解決に必要なリソースや担い手の間の関係性が違っていることも影響します。例えば、中央省庁の考えた解決策を全国で実施しようとしても、地域ごとに状況は違うので全く同じには実施できないように、普遍的な解決策はとれないのです。「悪い奴は地域によって違う、また時間の経過と共に違う形や特徴を持って現れてくる。ヒーローの持つ一つの必殺技だけでは対応できない。しかも、ヒーローが倒したとしても、戦いの際の破壊によって市民が困難に陥り、反発されてしまったりする」という複雑な状況になってしまうのです。

　そこで、複雑な社会問題に対して、目指す姿（地域や状況に応じた社会システムの結合的ケイパビリティの向上）を実現しようとすると、「解決策」のイメージを転換していかなければなりません。

　"複雑な問題"の場合、問題に取り組むほどより深い問題の構造がわかってきたり、時間と共に状況が変化したりするため、問題の発見と理解は最初だけでなく繰り返し行う必要があります。問題の要素間の相互影響は客観的な分析だけで全部を把握できないため、すべてを分析してから動くのではなく、解決策を早く試行することが大切です。失敗したとしても、失敗が問題の新しい側面やより深い部分を明らかにするのに役立ちます。そして、問題の理解を深め、試行や失敗の経験から、解決策をどんどんと改善していきます。このように問題の分析、試行、改善を循環して行っていきます。

　このように、問題や解決策の分析、試行、改善は、地域や状況に応じて独自の進み方をします。さらに、その過程を通して、個々の担い手の対応力や担い手の関係性の広がりや深まりが進むことによって、解決策の内容や進め方も変化していきます。そのように、循環、変容しながら、社会・地域・コミュニティの多様な構成員の持つ力を高め、相互作用を通して相乗効果を生む進め方をしていった結果、社会システムとしての対応力が高まるのです。

シフト5　協働

「協働」の考え方をシフトする

事前の計画で、強み・能力に応じて全体が最も効率的に進むよう役割分担を決め、個々が担当を担う 	問題解決のプロセスの中で、問題の理解や解決策の取組みを状況に応じて協力して行い、役割分担も適宜変化していく
事前に決めた目標に対する活動の結果（アウトプット）を重要視 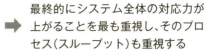	最終的にシステム全体の対応力が上がることを最も重視し、そのプロセス（スループット）も重視する
協働計画・実施のマネジメント（プロセス・マネジメント） 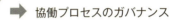	協働プロセスのガバナンス

　問題解決の進め方がシフトすることで、関連する担い手の協働の姿も変化してきます。

　事前に解決策がわかっている問題を解決する場合、事前に問題を明確にし、解決策やその目標も具体的に設定してきました。これまでの協働は、事前の分析で明確にできた問題と解決策を、より費用対効果よく行うために、役割分担することが想定されていました。問題、解決策、目標、役割、進め方は、事前に定められ、固定されていました。つまり、自動車の設計を先に行い、役割分担をして部品をつくり、設計図通りに組み立てるような進め方を、社会問題にも当てはめて考えてきたのです。この協働は、課題が明確で、解決策が確立しているものを行う場合には、効果的に成果を出すものとして機能します。

　そのような協働では、対等な関係が理想とされながらも、主たる組織が問題設定や解決策の指針、実施内容、成果評価を事前に定め、従たる組織が分配された役割を担うという関係になりがちでした。例えば、行政とNPOの協働も、行政が仕様書を定め、依頼されたNPOが仕様書に沿った内容を実行し、事前に定めた通りの結果が出たか否かを評価す

る、という進め方に陥りがちでした。協働の目的が「事業成果の費用対効果を高める」ことに置かれた「事業成果の重視型の協働」となっていたのです。

　しかし、"複雑な問題"は、何が課題か自体が明確でなく、関わる人それぞれの立場によって異なって見えているため、現状を認識し、状況を把握する段階から協働を進めていく必要があります。客観的視点からの分析だけでなく、問題の当事者がどう感じているのか、人によって何が見えていて、何が見えていないのかも分かちあうことから始める必要があるのです。

　そして、問題の理解を共有できれば、解決策が見えない中で、解決に協力して試行錯誤していける協働が必要となります。社会・地域・コミュニティの構成員が単独ではなく、相互作用しながら協力することで、相乗効果を発揮し、経験から個々人がレベルアップすることで、問題をより深く理解し、より最適な解決策を生み出すのです。そこでは、事前に定めた仕様や役割を変えない「固定的な協働」ではなく、状況に応じて内容や役割を変化していく「動的な協働」が必要となります。

　また、成果に対する考え方も変わってきます。固定的な協働では、事前に定められた取組みの実施結果というアウトプットが最も重視されますが、動的な協働では、個々の取組みのアウトプット以上に、一連の取組みを通して社会・地域・コミュニティのシステム全体の対応力が向上するという、関わった人の変化（アウトカム）や最終的に地域や社会で起きること（インパクト）が重要になってきます。同時に、ただ結果が出ればよいわけではなく、最終的な成果に向けて試行錯誤する中で、問題の理解や解決策の深まり、構成員間の相乗効果や関係性の深まり、それらの経験からの個々の成長という「プロセスの中で生まれた学び・関係性（スループット）」も大きな意味を持ってきます。

　このような「動的な協働」を行うには、事前に決められた仕様と目標に沿って構成員が計画の通りに動くよう管理する「プロジェクト・マネジメント」以上に、構成員が効果的に動けるようにルールや運営の仕組みを整え、情報を共有し、学びあい、プロセスの成果を確認しながら進めていける基盤を整える「ガバナンス」が重要になってくるのです。

シフト6 関係性の持ち方

関係性の持ち方をシフトする

構成員は仕様に定めた組織・人に限定	→	構成員は状況に応じて必要な人の参画を促し、広がっていく
全体と一部という関係（構成員は全体の機能の一部を担うことで、全体の機能が最大化されるようにする）	→	コレクティブな運営（構成員は自立しているが、問題と状況を共有し、相互作用の中で全体としての成果を目指す）
指示に従い、個々が自分の役割を果たすことが大切で、お互いの仕事領域に踏み込まない関係	→	お互いに助けあい、お互いから学びあえることで、活動を通して共に成長できる関係

　問題解決や協働のシフトを進めるには、プロジェクトに関わる構成員やその関係のあり方も大きく変化してきます。関わる人も事前に定めた仕様の通りで進められる「固定的な協働」に対して、問題の理解や解決策の深まりや広がりに伴って、メンバー間の役割が変わったり、必要になったメンバーを追加したりする「動的な協働」では、構成員も時々に最適なメンバーへと柔軟に変化していきます。

　また、「固定的な協働」では、全体の枠組みが決まっている中で、指示を出す人と指示を受ける人などの関係は最初に定めたものから変化をしません。構成員は全体の決められた一部を担う存在として扱われ、それぞれが自分の役割を果たすことが最も重視され、タテの連絡はあっても関わる人たちがヨコにつながり、お互いに助けを求めあったり、アドバイスをしあったりすることはほとんどありません。自分が担当する業務を自分でできなければ「決められたことができない人」と判断され、また、自分の担当以外のことへの意見は他者への「口出し」と判断されます。一緒に仕事をしてはいても、お互いからの学びあいは起きていま

せん。

　しかし、複雑な社会問題に取り組むには、「こうすれば間違いない」という正解がない中で、常に状況と新しい知見を共有し、それぞれの考えをお互いに照らしあわせ、何がよりベターなのか、検証していく過程が大切になります。そのような「動的な協働」では、固定した縦割りの関係は状況の変化への迅速な対応の邪魔になるため、全体の枠組みを固定せず、構成員がお互いに相互作用しながら相乗効果を高めていく進め方が必要となります。そこでは、同じ問題に共に取り組む仲間として、自分の担当か否かに関わらず気付いたことは積極的に口にし、わからないことの質問や経験からのアドバイスを相互に伝えあっていきます。タテの関係は最低限とし、ヨコのコミュニケーションが活発に行われる必要があるのです。

　特に、それぞれの構成員は自立している存在でありながら、課題や最終目標は共有し、相互作用しあうヨコの関係は、「コレクティブ（集合的）な関係」と呼ばれています。コレクティブな関係では、組織のような決まった枠組みがなく、それぞれが自立して自分の判断で動いているにも関わらず、バラバラにならず、協力関係を維持していきます。なぜ、それができるかというと、問題の理解を深める対話や解決策の試行錯誤などのプロセスを共有する中で、お互いに「学びあっている」からです。

　問題や解決策、新しい状況に対して、他のメンバーの意見や動き方を知ることで、自分の問題の捉え方、課題の設定、解決策の考え方などを見直すことができます。それによって、自分のこれまでの視点・視野・視座を検証し、自分の見えていなかった領域に気付いたり、他の専門分野から活かせるヒントを見つけたり、他からの刺激で自分の活動の新しいアイデアを生み出したりできるようになります。それが協働を通して得られる「学び」です。

　お互いに学びあえる関係は、自分とは異なる考えを、積極的に評価することから始まります。自分とは異なる他者の考えや視点を積極的に評価することが、協働する相手への信頼の基盤となります。共に問題に取り組むだけに止まらず、お互いの可能性を信頼しあい、お互いから学びあえる関係をつくっていくことが、「動的な協働」には不可欠です。

第2章　コレクティブな協働へ【第Ⅰ部】　　73

シフト**7**　担い手のあり方

自身のあり方をシフトする

どうすればうまくいくか、do(すること)を重視 ➡	どうあれば成果につながる動きができるか、be(あり方)を重視
自分の能力、経験、学んできたことを活かして貢献する ➡	他者から学び、自分の経験を学びほぐし、より貢献できるようになる
自分にできること、失敗しないことを重視 ➡	目標実現にできないこと、足りないこと、失敗したことを積極的に認め、そこから他者とつながる

　これまで、問題解決に取り組もうとすると、まず「何をしたらいいか」から入り、協働する際も「何を役割分担するか」を最初に考えるように、"do（何をするのか）"を中心に考えがちでした。しかし、これまで見てきたような問題解決のシフトを進めるには、単に「何をしたらいいか、何が自分の役割か」に止まらず、「自分は問題とどう向きあうか、どうなれば問題に対応できるシステムで役立てるか」というように "do" の前提にある "be（あり方）" まで考えなければなりません。
　なかでも大切なのは、「変化に向きあい、前提の変化を受け容れる」「失敗回避よりも早く小さく失敗し、そこから学ぶことに価値を置く」という姿勢です。これまでの考え方や進め方に固執していては、変化を起こすことができないばかりか、変化から目を背け、周りで起きている変化に気付くこともできなくなってしまいます。
　変化に向きあう第一歩は、先の見えない状況では、いくら探しても間違いない正解や決められた道筋はないと受け容れることです。同時に、自分のよく知っている分野や地域、仕事でも、自分には見えていないこ

と、気付いていない変化が起きていることは必ずあると考え、自分の知らない領域に関心を向ける必要があります。「知らないことがある」のは悪い・ダメなことではなく、新しいことはこれまでを否定するものでもありません。自分の「知らない・できない」を自覚することは、同時に、自分は何を「知っている・できる」のかを自覚することでもあります。「知らない自分はダメだ」と決めつける時は、自分の「知っている」を見落としてしまいがちです。「知らないこと」は「自分の知っていること」に追加されることで、自分の新しい可能性を拓く力となるのです。

　ただ、そのように考えを変えるのは、自分一人では難しいものです。日頃、つながっていない人の活動の現場に行き、新しい人と話してみましょう。そして、その現場や人の良いところを見つけることで、「自分の知らなかった世界」や「自分よりもよく知っている人、うまくできる人」に出会うことができるでしょう。そして、勇気を出して、自分より知っている人・できる人に、自分のことを助けてもらいましょう。「この人となら、助けを借りてまで課題を解決したい、もっと良い状況を生み出したい」と思うことができれば、それが「協働」の始まりです。

"受援力"という言葉がありますが、支援を受けるには、自分が心を開き、相手を信頼して、自分の困り事、知らないことを話す必要があります。もちろん、まったく知らず、信頼できない人に、自分の課題を話すことはできません。ですから、お互いを知りあっていく過程も時間も大切です。

　自分とは違う考えや経験をもつ他者の助けを借りようとすると、ズレやすれ違いは当然生じます。トラブルや失敗は、お互いの理解を深め、本当の課題を知ることができる「学びのプロセス」だと考えてみましょう。早く小さく失敗し、そこから学べる自信があれば、失敗を過度に恐れず、チャレンジができるようになります。基本的に他者と組むのは面倒なものですが、"共にチャレンジし、失敗から学びあい、プロジェクトの改善も進む"好循環が生まれると、他者と組むことはわくわくするものになっていきます。

　協働がお互いの負担となるのか、学びあい、より良い状態を創るものになるのかは、一人ひとりのあり方"be"によって決まってきます。

第3章

コレクティブな協働を実践するための協働ガバナンス

第2章では、社会問題解決に関わる7つの用語の考え方を確認してきました。それに加えて、コレクティブな協働を、どのように進めていくのか、推進にはどのような要素が必要なのかを共有しておく必要があります。

　これまでの分解し、問題をなくす問題解決は、"線形的な進め方"であるため、事前に定めた計画を目標達成に向かって実施していく進捗管理（プロセス・マネジメント）が大切でした。

　しかし、"複雑な問題"に対しては、問題を考え、解決策を試行し、そこでわかったことから問題をさらに深堀りするという"循環的な進め方"が必要となります。その循環型のプロセスでは、事前に決められた計画通りにすべてが進むことはありません。変化が生まれる前提で、どのように情報や知見を共有し、相互作用を生み出していくのか、仕組みとして整えておく必要があります。そのような状況では進捗管理だけでなく、プロセスを管理する構成員の関わり方、関係性のつくり方、変化への対応、共有ルールの整備など、関係者と共に進めていくための「仕組みとその運営（＝ガバナンス）」が重要になってくるのです。

　"複雑な問題"に向きあう協働を効果的に進めるためのガバナンスに、何が必要なのか、国内外で研究も多数行われています。米国の研究者AnsellとGashは、協働に関わる米国の137の事例研究文献を収集し、基礎となる協働ガバナンス・モデルを開発しました。そのモデルを基に、日本の環境省「協働取組の加速化事業」に採択された、全国各地でのNPO・企業・行政・地域による協働取組（49事例）を分析した経験を踏まえて、"複雑な問題"に挑むための「協働ガバナンス・モデル」としてまとめたのが図3-1となります。これは、Ansellらの協働ガバナンス・モデルに、変化を促す「チェンジ・エージェント」や、構成員が協働の中で学びあう「社会的学習プロセス」、アウトプット、アウトカム、インパクトという「ロジックモデル」など、ソーシャル・プロジェクトに必要な要素を追加したものです。

　第3章では、この協働ガバナンスの考え方を紹介していきます。

図3-1　協働ガバナンス、チェンジ・エージェント機能、社会的学習プロセスの統合モデル

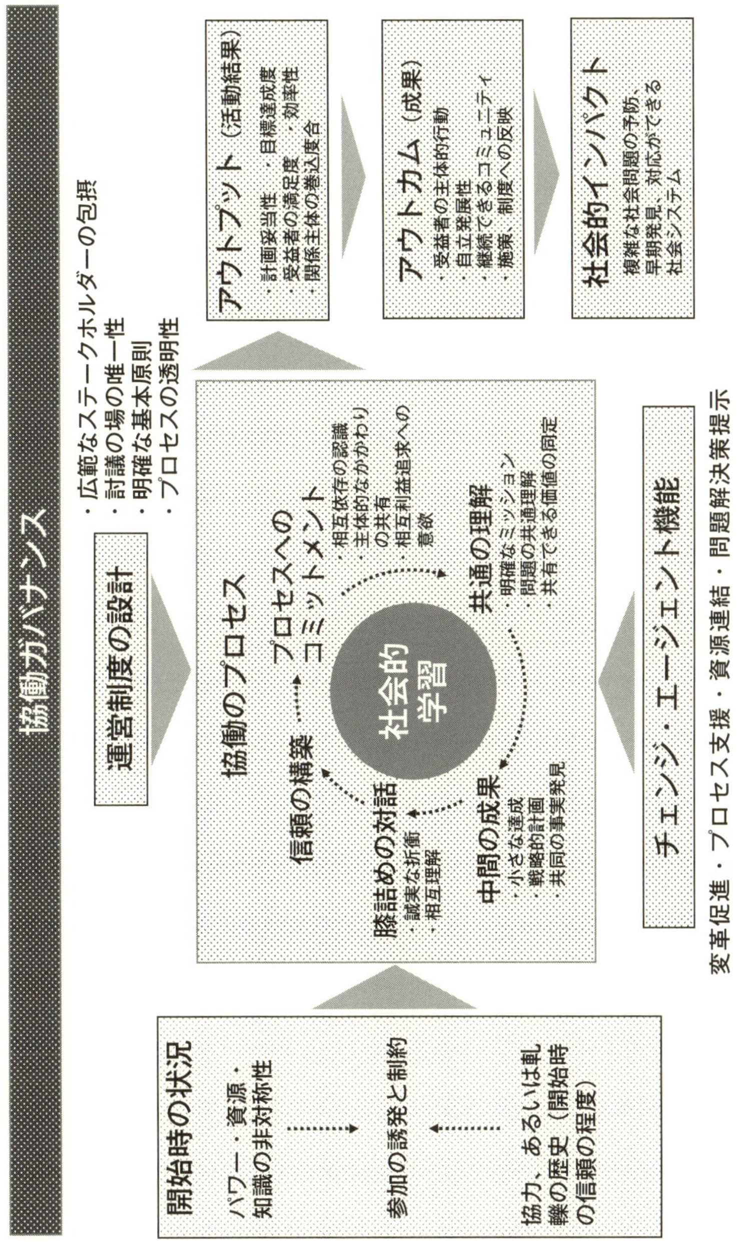

協働ガバナンス

運営制度の設計
・広範なステークホルダーの包摂
・討議の場の唯一性
・明確な基本原則
・プロセスの透明性

アウトプット（活動結果）
・計画妥当性　・目標達成度
・受益者の満足度　・効率性
・関係主体の巻込み度合

アウトカム（成果）
・受益者の主体的行動
・自立発展性
・継続できるコミュニティ
・施策、制度への反映

社会的インパクト
・複雑な社会問題の予防、早期発見、対応ができる社会システム

協働のプロセス

プロセスへのコミットメント
・相互依存の認識
・主体的なかかわりの共有
・相互利益追求への意欲

共通の理解
・明確なミッション
・問題の共通理解
・共有できる価値の同定

社会的学習

信頼の構築

膝詰めの対話
・誠実な折衝
・相互理解

中間の成果
・小さな達成
・戦略的計画
・共同の事実発見

チェンジ・エージェント機能
変革促進・プロセス支援・資源連結・問題解決策提示

開始時の状況
パワー・資源・知識の非対称性
参加の誘発と制約
協力、あるいは軋轢の歴史（開始時の信頼の程度）

※Ansell, C., & Gash, A. (2008)、Havelock, R. G., & with Zlotolow, S.(1995)、佐藤・島岡 (2014) に基づき、筆者ら作成

1
構成要素

　ガバナンスとは、プロジェクトに関わる人（利害関係者）たちがどのように関与し、意思決定や合意形成を進めていくのか、そのためのルールやコミュニケーションのあり方を設定していくものです。

　協働ガバナンス・モデルは、大きく6つの要素から構成されています。

　1つ目は、プロジェクト構成員の関与・参加の仕組みです。協働を始める前は、それぞれ価値観、問題意識、重点領域が異なっており、資金や規模などパワーバランスにも違いがあります。また、思い込みや過去の出来事から協働しづらい状況もあるでしょう。その人たちが参加していくプロセスが設計されている必要があります。

　2つ目は、「協働プロセス」です。膝詰めの対話 → 信頼の構築 → プロセスへのコミットメント → 共通の理解 → 中間の成果、と動いた上で、そこまでの取組みで見えてきた課題や必要なことについて、改めて膝詰めの対話を行うというように、循環して進めていくのです。

　3つ目は、協働プロセスを回すエンジンとしての「社会的学習プロセス」です。線形的な問題解決では、事前に設定した課題、解決法を最後まで実施することが前提なので、実施過程で「学び」が起きたとしても内容に影響を与えることはできません。しかし、"複雑な問題"は動いてみて初めて奥にある構造が見えたり、当初考えていた解決が副作用の悪影響を生んだりと、状況が変化していきます。そのため、過程の中で「学び」が進むことによって、実施内容も成果も変化していきます。学びが進むことで、循環サイクルがより大きな意味を持つのです。

　4つ目は、「運営制度の設計」です。多様な考え方の関係者が集まるため、どのような関係者の参画を促すのか、どのように進めていくのか、どのようなコミュニケーションを進めるのか、運営制度を設定し、共有するための仕組みづくりが必要になります。

5つ目は、「チェンジ・エージェント機能」です。このモデルで鍵となるのが、協働過程で学び、活動内容などが変化していくことです。しかし、変化に抵抗を感じる関係者がいたり、変化の理解度に差が生じて考えがバラバラになってしまったりします。そこで、効果的な変化を促す機能を持つ担い手（チェンジ・エージェント）が重要となってくるのです。

6つ目は、アウトプット、アウトカムなど成果を評価し、社会に定着させていく仕組みが必要となることです。ソーシャル・プロジェクトは、社会システムの変化として定着することがゴールですので、そのための実践方法が組み込まれている必要があるのです。

このように、協働ガバナンス・モデルは、社会システムの変容に向けて、関わる人が状況に応じて、学び、変化しながら成果を出していく過程をまとめたものなのです。

【コラム】ガバナンスとマネジメントの違いは？

ソーシャル・プロジェクトを成功に導く上で、核となるのが「協働ガバナンス」です。"ガバナンス"という言葉を聞きなれない人も多いでしょう。これまでは、プロジェクトの運営には「プロジェクト・マネジメント」というように"マネジメント"という言葉が使われていました。ガバナンスとマネジメントは何が違うのでしょうか？

マネジメントは「成果を出すために、人や資源をどう運営するのか」が主たるテーマです。その前提は、何が成果か明確になっていることです。例えば、「今期、"売上を伸ばす"という目標をどうすれば達成できるか」を考えるのがマネジメントです。

それに対して、ガバナンスは、利害関係者（ステークホルダー）と活動のリスクや機会についてコミュニケーションを取り、協力を引き出しながら、目指す姿を実現するための基盤（ルールや仕組み）を構築し、運営していくことに重点が置かれます。

問題・解決策・成果・計画を事前に明確にできる「固定的な協働」では、マネジメントが重要でした。それに対して、"複雑な問題"を扱う協働では、多様な主体と関係をつくり、問題や解決策を試行錯誤しながら、ビジョンを実現していきます。関係性を育て、変化を取り入れながら進める協働には、マネジメント以上に"ガバナンス"が大切なのです。

2
違いを超えての参加の誘発

　分解・個別・線形的な協働では、それぞれが自分の担当を独立して取り組み、客観的な分析から解決策を提供し、最初に定めた計画を一貫して行い、役割も内容も固定して取り組むことが重視されます。そのため、参加者にも"それぞれ、あたえる、つらぬく、きめる"というあり方が求められてきました。しかし、複雑な社会問題に対する協働の成功には、"つながる、よりそう、みなおす、かわる・かえる"というあり方が不可欠であることを参加者全員が理解し、受け容れ、体現することが大切です。

独立的（それぞれ）	⇒	統合的（つながる）
提供的（あたえる）	⇒	文脈的（よりそう）
一貫的（つらぬく）	⇒	批判的（みなおす）
固定的（きめる）	⇒	変容的（かわる、かえる）

　ただし、スタート時点では、全員が同じレベルで納得し、同じような意識で参画することは難しいのが実状です。他の関係者や協働取組に対する不安や警戒などがあるからといえるでしょう。お互いの関わり方、どう学びあえばよいのかなどは、協働の経験を通して信頼感が高まってくることで納得できます。そして、その納得が次のより深い協働の基盤となっていきます。つまり、このような協働では、何をするか（do）よりも、お互いにどう関わっていくのかという構成員のあり方（be）を熟していく必要があります。

　多様な参加者の誘発を行うには、関係者それぞれについて、現状と考え方についてしっかり話を聴き、問題や解決策の考え方について話しあい、不安や不信を超えて関係をつくっていこうという準備（readiness：レディネス）を整えていくプロセスが必要です。

3
循環型の協働プロセス

相互理解を深めながら、信頼を構築し、関係性を深めていく「循環型の協働プロセス」には、5つのステップがあります。

1つ目は「膝詰めの対話」です。異なる考えの主体が、共有する課題に対して、双方向の対話を続けていくことが大切です。関係者の考え方の違いを受け容れながら、特に利害の相反もありながら、協力して生み出す成果は何かをブレさせずに話しあう場が大切になります。

2つ目は「信頼の構築」です。対話を通して相互理解を深め、違う文化、考え方から生じる不信感や違和感が解消される中で、関係性が深まり、お互いに信頼関係が構築されます。信頼は最初からすぐにできるわけではなく、協働を実践する中で試行錯誤を共にすることで醸成されていきます。

3つ目は「プロセスへのコミットメント」です。対話や実践によって、地域で起きている問題が何かがわかり、他者との関係の中で自分に何ができるのかが見えてくることで当事者意識が高まります。さらに他の関係者の考え方やリソース、強みがわかり、取組みの成果が見えてくる中で、プロセスへの参加意欲が高まり、優先度が高まります。

4つ目は「共通の理解の深まり」です。お互いが協働取組の実践を通して、経験や知恵を出しあうことで、問題や解決策への共通の理解が深まります。動いてみるからこそ、当初、思っていたのとは違う側面が見えてくることで、対話だけではできなかった共通理解が進むのです。

5つ目は「中間成果の共有」です。大きな目標を目指す時ほど、小さな達成を評価することが大切になります。自分たちの取組みがどこまで目的を達成しているか、という成果を確認・共有し、評価することで、協働の意味が見えてくると共に、残された課題が明確になります。その課題が次の協働取組の実施に向けた対話のテーマになります。

4
個々の強化・成長につながる社会的学習

「協働」を実践する中で、問題をより深く理解し、解決策を改善していく循環型のプロセスを動かし続けるエンジンとなるのが「学びあい」です。共に同じ現場を経験することで、「経験 → 内省 → 学びの概念化 → 次の実践 → 経験 → ……」という経験学習のサイクルが動きます。(図3-2) ここでの学習は知識を得るだけでなく、多様な学習スタイルを組み込むことができ、状況の理解（＝認知）と実際の動き（＝処理）が分断されず組みあわされることで、お互いの学びあいを深め、改善がより早く進むよう促す役割もあります。このようなお互いから学びあうソーシャルラーニング（社会的学習）が、これからの「協働」のエンジンとなっているのです。(図3-1)

これまで、「社会的学習」という概念は3段階の広がり・深まりがありました。1960年代には、教室の中だけで学ぶのではなく、実社会において実際の事例を観察・模倣することで、自分の行動をよくする大切さが指摘されました。その後、1990年代になると、社会環境の変化に

図3-2　経験学習サイクルと認知プロセス・処理プロセス

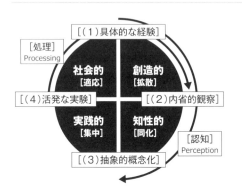

→経験学習サイクル：(1)(2)(3)(4)
→認知プロセスと処理プロセス
→四種類の学習活動に参加する機会

経験学習理論（ELT）の学習サイクル

※Kolbの経験学習サイクルを基に筆者ら作成

図3-3　社会的学習の歴史的進展

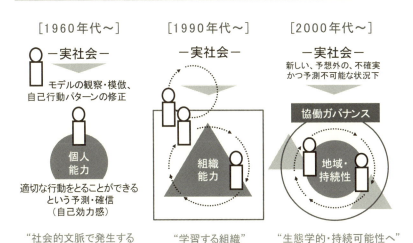

※佐藤ら 2016

対応するために社員同士が学びあいを続ける「学習する組織」など、組織マネジメントの向上として注目されるようになります。さらに、2000年代からは、新しい、予想外の、不確実かつ予測不可能な状況下（"VUCAの時代"）において、外部の人や組織と共に動きながら、学びあっていくプロセスが社会的学習の役割として重視されるようになりました。（図3-3）

　ウィルダマーシュは、社会的学習の役割を「……新しい、予想外の、不確実かつ予測不可能な状況で活動するグループ、共同体、ネットワーク、社会システムで発生する学習」として「予想外の状況における問題解決に向けられ、このグループまたは共同体において有効な問題解決能力の最適利用」が進むことだと定義しています。複雑な社会問題に取り組む中では、思ってもいなかったような問題の広がりや当初の考えでは解決できない状況にぶつかることが少なくありません。そのような時に、"学びあうプロセス"が協働取組に組み込まれていれば、課題理解や解決策の更新や、信頼関係の構築、変化の加速を進めることができるのです。

5
共有すべき運営制度

　前記のような「循環型の協働プロセス」を実践するには、下記の4つの要素を踏まえた運営制度を構築する必要があります。

　1つ目は「広範なステークホルダーの包摂」です。協働取組の実施・展開にあたっては、問題に関わる多様な主体が関わる必要があります。誰が参加するのかは、どのような成果を生み出すのかに大きな影響を与えます。関係ができている人だけでなく、敵対してきた人も含めた関係者全員が関われるような運営制度を設計することが必要になります。

　2つ目は「討議の場の唯一性」です。関わる多様な主体が共に議論する場に他の場にはない独自性がなければ、参加する動機を持ちづらいものです。また、多様な関係者があちらこちらで勝手に物事を決めていくと混乱が生じます。また、その時その状況でなければ話せない、話題と意見を出しあうことが大切です。そのような場の唯一性を設定することが、関係者の参加意欲を高めるためにも必要です。

　3つ目は「明確な基本原則」です。異なる領域で活動してきた組織や人は、異なる組織文化を持っており、進め方や優先順位づけも大きく違っています。多様な人と組む時、運営の基本ルールを明確に定める必要があります。

　4つ目は「プロセスの透明性」です。一部の関係者に情報が届いていない場合、その人は疎外感を感じ、参加意欲が低下するでしょう。また、何がどのような過程で決まったのかが明確でなければ、不信感が高まってしまいます。情報の共有、意思決定への参画など、協働取組の内容とプロセスが見えるようにしておく必要があります。

6

変化を促し、成果につなぐ
チェンジ・エージェント機能

　協働においてはコンセンサス形成に向けたプロセス進行、すなわちファシリテーションの機能が求められることはいうまでもありません。しかし、協働ガバナンスにおけるファシリテーターの役割は複雑です。広範な参加者を同じテーブルに着席させ、協働プロセスを通じて彼らを操舵するリーダーシップが極めて重要な機能となるからです。つまり全体の合意形成に向け円滑にプロセスを進めるファシリテーションのみならず、協働を操舵するリーダーシップもまた求められるといえるでしょう。このように、協働プロセスを通して、関係者が相互理解を深めながら、理解も解決策も、構成員自身も変化していく。この変化に向けた介入は「チェンジ・エージェント機能」としてまとめられます。

　H.R. ハブロックらは、チェンジ・エージェント機能を「変革促進」「プロセス支援」「資源連結」「問題解決策の提示」の４つにまとめています。それぞれの機能は、下記のように説明できます。

① 「変革促進」…外部から見て変革が必要なことが明らかな場合であっても、また当事者が現状に不満を持っていても、多くの場合、ほとんどの人は変化を望まないものです。チェンジ・エージェントは現状の問題を可視化し、課題解決に取り組む機運を盛り上げ、変化へのプロセスを開始する役割を担います。

② 「プロセス支援」…変革を進める時、闇雲に進めるのではなく、全体を見通しながら目の前の問題に取り組んでいけるようにするには、プロセスの様々な領域での支援が必要となります。その領域は、相互関係の促進、運営制度の構築、問題の定義、より深いニーズの認識、解決法の探索と導入、試行錯誤する中での学び、実行状況の評価など多岐にわたります。

③　「資源連結」…効果的な問題解決には、ニーズと社会にある資源を結びつける必要があります。資源は様々な種類のものがなり得ます。例えば、財政的支援、解決策に関する知識、問題の診断にかかる知識や技術、解決策の策定や適用における知識・技術、ネットワークなどです。視野を広く持って、各状況に必要な資源を見つけ、現場と結びつける機能が大切になります。

④　「問題解決策の提示」…変化をもたらしたいと思う人の多くは、「こうなってほしい」という思いを明確に認識しているものです。その人たちが良いと考える解決策があるならば、他の人にもその解決策を受け容れてもらいたいでしょう。しかし、時に彼らの解決策に対する思い入れは、問題の本質を見えにくくし、また反対派の意見の理解を妨げます。チェンジ・エージェントには、単に解決策を取りまとめるだけでなく、その解決法が人の要求や懸念にどう影響を及ぼすのかを認識し、解決策が効果的に実施できるようにすることが期待されています。

　このようにチェンジ・エージェント機能は、協働を効果的に進めるか否かを分けるものであり、協働取組やソーシャル・プロジェクトにおいて、しっかりと位置づける必要があります。

　チェンジ・エージェント機能の担い手として、プロジェクト事務局や中間支援機関が考えられます。「固定的な協働」では事務局は定められた業務をこなせばいいのですが、「動的な協働」では、状況の変化や取組みの進化に対応するために、チェンジ・エージェント機能を担う必要があります。事務局は、コレクティブインパクトの議論では「バックボーン（背骨）組織」と呼ばれるように、状況が動く中で軸となる役割が期待されるのです。また、中間支援組織には、ソーシャル・プロジェクトの変化を促すことに止まらず、プロジェクトでの知見や成果を地域・社会全体と共有することも期待されます。

第Ⅱ部

コレクティブな協働ガバナンスの
考え方・進め方12ステップ

第Ⅰ部ではソーシャル・プロジェクトを進める上で、関係者が共有すべき考え方について、問題解決の考え方の7つのシフトと協働ガバナンスの考え方を紹介しました。分解・個別の問題解決からコレクティブな協働による問題解決に考え方をシフトしようとしても、実際に多様な考え方の人たちが集まってプロジェクトを運営しようとすると、様々な壁にぶつかってしまいます。

　そこで、第Ⅱ部では、社会問題をコレクティブな協働で解決に取り組む際の考え方、進め方を、12のステップに整理しました。（表4-1）そして、各ステップで、既存の考え方・進め方から生じる「ぶつかりやすい壁」、壁を乗り越えるために必要となる「協働の考え方のシフト」を紹介し、そのステップで何を実践・確認したらいいか、その結果、どのような状況に達すればよいのか、まとめています。

　実際にソーシャル・プロジェクトを進める時は、この12ステップを直線的に進むだけではなく、循環しながら進んでいくことになります。問題を共有し、チームを組んでも、解決策を実践する段階になったら、動いたからこそより深い問題がわかることもあります。その時には、またステップ1に戻り、何が問題かを考えることも必要でしょう。本書で示している12ステップは状況に応じて、行ったり来たりしながら進んでいくものだとご理解ください。

　第Ⅱ部は、実践の中で壁にぶつかった時に、立ち止まって読み直してみてください。各ステップで、どう発想を変えないといけないか、何を関係者と共有しないといけないか、壁を超えていくためのヒントとして活用いただくことで、この12ステップを実践で活用していただきたいと考えています。

　各ステップにおいて、次のような項目で整理をしました。

① 「ステップの位置づけ」：このステップの全体における位置づけ・意味づけ
② 「このステップでぶつかりやすい壁」：実践ではどのような課題が生じやすいか（doの課題）
③ 「協働の考え方のシフト」：関わり方の見直し（beの転換）
④ 「実践・確認すること」：各ステップで行う必要があること、自

分自身で、または関係者で確認する必要があることはできているか、チェックしてください（doの見直し）

⑤　「このステップで実現したいこと」：各ステップの目指すべき姿

表4-1　コレクティブな協働ガバナンスの12ステップ

Ⅰ. 問題解決の前提を整える協働（課題の再発見とゴールの明確化）

▶ステップ1　現状の課題認識を分かちあおう
　──いったい、今、何が起きているのだろう？
▶ステップ2　何がゴールなのか話しあい、分かちあおう
　──社会システム全体での対応力を高めるイメージを描く
▶ステップ3　「協働」への準備（レディネス）を整えよう
　──違いやこれまでの枠組みを超えて協力するには？

Ⅱ. 問題解決の運営基盤を整える協働（計画策定と運営制度整備）

▶ステップ4　パートナーを見出し、参加を誘発しよう
　──誰と組むべきか？　相手の積極的な参加を促すには？
▶ステップ5　共有の目標と達成への戦略的計画を立てよう
　──何を達成し、そのためにどう進めていけばいいのか？
▶ステップ6　運営制度を設計しよう
　──どのように役割分担し、体制をつくるのか？

Ⅲ. 問題解決の推進力を強化する協働（継続的改善と中間支援）

▶ステップ7　場づくりを活かした関係性の改善力の強化
　──何をどう分かちあうと、もっと協力できるのだろう？
▶ステップ8　「社会的学習プロセス」を強化しよう
　──継続し、改善し続けるには、どのような「学び」が必要なのか？
▶ステップ9　「チェンジ・エージェント機能」を強化しよう
　──関わる人たちの変化とレベルアップを促すには？

Ⅳ. 成果を生み出し、定着させる協働（継続力強化と成果の見える化）

▶ステップ10　資金や人材を集め、継続力を高めよう
　──資金や資源をどう集め、どう効果的に運用するのか？
▶ステップ11　「協働」の活動結果（アウトプット）と成果（アウトカム）を評価しよう
　──どのように成果を捉え、次の一歩につなげていけばいいのか？
▶ステップ12　政策や制度として社会に定着させよう
　──自分たちの限界を超えるには、誰と、どのように進めていく必要があるのか？

第4章

問題解決の前提を
整える協働

課題の再発見とゴールの明確化

ステップ1
現状の課題認識を分かちあおう
——いったい、今、何が起きているのだろう?

(1)このステップの位置づけ

　ソーシャル・プロジェクトを始める前提として、今、社会で起きている問題は、多様な要素が影響しあい、原因や影響を一つには同定できない"複雑な問題"であり、一つの視点・専門・立場だけでは、いったい何が起きていて、何が問題なのか、それを把握し、理解すること自体が難しくなっていることを理解する必要があります。このような状況下で、社会で起きている問題を的確に把握するためには、自分（たち）だけで、何が問題なのかを理解しようとするより、多様な他者の視点・視座を持ち寄ることで、多角的な理解を深めることが重要です。

(2)このステップでぶつかりやすい壁

■ぶつかりやすい壁■ **漠然としたイメージや傾向を基に、現況を明確に把握できずに活動をしている**

　社会や地域に役立つ活動を始めようという時、「地域は高齢化している」「子育て世帯が苦労している」といった漠然としたイメージ、ニュースなどで報じられる全体的な傾向を基に考え、本当に現場で何が起きているのか、問題や課題を関係者が明確に把握できていないままに、事業の企画や活動が始まることが多くあります。

■ぶつかりやすい壁■ **自身の限られた情報で問題を決めつけ、必要な情報を見落としている**

　どの組織のどの立場にいても、日常的に入る情報の量や範囲は限ら

ていますが、日常の視点・視野・視座が限られていることを忘れてしまいがちです。自分たちの団体が得ている情報、わかることだけで、何が問題かを決めつけてしまうことで、自分の事業・活動のこれからを考えるために必要な情報を見落としていることに気付かなくなってしまいます。自分たちの視野に入っていないもの、よくわからない小さな変化は「大切ではない」と流してしまいがちです。

■ぶつかりやすい壁■ "複雑な問題"に対して問題の特定と原因を定めようとしている

直面する問題の解決に取り組む際、分析に時間をかけ、最も重要な問題と原因を定めようとしてしまいがちです。しかし、現代は何が最も大切な問題なのかを検討している間に、状況は変化し、かつての正しさが間違いになってしまうことが多く生じています。正解のない"複雑な問題"の正解探しをしても時間ばかりが経ってしまいます。

■ぶつかりやすい壁■ 日々変化をしている状況を直視せず、本質の探究に向けた他者との対話を避けている

日々の業務の中で目の前の課題ばかりを追っていると、自分たちの仕事の環境や前提条件の変化を俯瞰的な視点で考えたり、気になることを深く探究したりはしづらいものです。状況や変化の方向性が見えていない中でも、わからないことを他者に訊くことが苦手な人も多くいます。

(3) 協働の考え方のシフト

➡考え方のシフト➡ "複雑な問題"は、自分たちだけでは、何が問題なのか自体もわからない

現代の社会問題は、多様な要素が相互作用しながら起きている"複雑な問題"であるため、何か一つの主な原因を特定することはできません。また、同じ状況でも立場や視点によって問題の重要度など状況の解釈は変わってきます。それぞれがそれぞれのメンタルモデル（「こうなるはず」「これが正しいはず」という思い込み）によって見落としている領域があることで、ある視点から見ると正しい・優先度の高いと判断すること

が、別の視点から見ると間違えている・優先度は高くないという状況が起きてきます。

　しかし、私たちは自分たちの経験や知識に基づいた視点と視野、優先度で観察し、分析、理解することに慣れています。自分たちの視点・ロジックだけでなく、自分とは違う経験や知恵を持ち、違う視点・視野からヒントをくれる「他者」の力が不可欠なのです。例えば、自然や歴史的建造物の残る地域で地域活性化が課題だとします。観光客を増やそうと新しい建物や建築物を造ることがよいと思いがちですが、自然や景観を変えてしまうと、地域の魅力が失われてしまいます。自然、文化、経済などの複数の文脈を統合的に理解する必要があるのです。このような状況では、何が起きているのか、何が問題なのかを把握する段階から、他者の存在が必要となるのです。

　それには自分たちの組織の中だけで議論するのではなく、実際に問題の起きている現場を体験することが大切です。そこで、違う文脈を持つ人たちとフラットに意見交換し、一つの側面からでは見落としがちな別の側面からの問題の見方を関係者が理解しあうことで、物事を俯瞰的、立体的に把握することが必要なのです。

⬛ →考え方のシフト→ 他者との議論を通して、多様な視座を使いこなせるようになる

　これまでの自分（たち）の視点、視野だけでなく、関連する様々な立場まで視野を広げ、多様な切り口の視点を考え併せていくと、色々な情報や考え方に触れるため、最初は混乱してしまうかもしれません。その時に大切になるのは「複数の視座」です。

　私たちは、日常業務では、担当者、管理職など自分の役職に期待されることに基づいた視点・視野で考えています。同じことを、次世代の組織を設計するトップの視点・視野で考えたら違った風景が見えてくるでしょう。さらに、自分の組織を含めた地域全体、社会全体の次世代の姿を考える視点・視野は俯瞰的なものになってきます。そのように高い視座から見ることで、個々の事象や問題の関係性、他者の置かれた立場などが把握しやすくなります。そうやって、他者の意見からより広い領域を知ることで全体的な状況を把握できると、高い視座を持てます。その

上で、もう一度、自分の仕事の視座に戻り、具体的な内容を詰めていくと、自分たちにとって何が重要な問題なのかを把握しやすくなります。今日では、多様な視座を柔軟に使いこなし、ミクロからもマクロからも上からも横からも、過去からも未来からも問題を見ることが求められるのです。

（4）このステップで実践・確認すること

√実践・確認しよう√ 　現状、問題、課題を他者との話しあいを通して多面的に検証する

　自分たちだけでは見落としているものがあるかもしれないと考え、立場や視点、価値観の異なる人たち、"他者"と現状や問題を確認する話しあいの場を設けることが必要です。

- □ 社会、地域で起きている問題が、どのように自分たちの事業・活動に影響しているか、話しあう場はあるか？
- □ 現場でお客様や地域の人たちと接しているメンバーが感じている課題や問題を話しあう場を設けているか？
- □ 自分たちのテーマとしたい社会問題の起きている現場に、実際に足を運び、そこで生活する、働く人たちの声を聴き、何が問題か話しあったか？
- □ 社会問題の当事者は誰で、その人に影響を与えている家族・友人、地域の関係機関、NPOなどの状況を調べたか？
- □ 当事者や地域の課題に、自治体の施策、国の政策、企業の取組みなどが与えている影響を考えたか？
- □ 特定の当事者や自分と似た意見の専門家から話を聴くだけではなく、多様な意見の人から話を聴いたか？
- □ 取引先、競合他社などと社会や業界の課題を一緒に話しあう場を設けたか？

✓実践・確認しよう✓ 多様な視点から現状を理解し、多様な原因を分析する

現状を多面的、多層的に見て、多様な理解、原因があることを分かちあうことが大切です。

- □ 様々な人から聞いた意見を書き出し、比較することで共通項や違いを整理したか？
- □ 問題が防げず、解決できない要因を、急いで一つに絞らず、当事者、政策、ビジネスなど多層的に捉えたか？
- □ 経済的合理性を重視した視点、一人ひとりの納得・満足を重視した視点、地域・社会にとっての意味を重視した視点など、異なる価値観から何が課題か検討したか？
- □ 問題や原因を分析してみて、「自分たちが今まで見落としていた」と感じた要素は何か話しあったか？ まだ十分にはわかっていないことが何か、共有したか？

✓実践・確認しよう✓ 現状への対応だけでなく、その背景、未来への影響について議論を深める

「魚を与えるのではなく、魚の釣り方を教える」という考え方に則り、目の前の自覚されている問題やニーズ（魚を与えてほしい）だけを重視するのではなく、未来への良い影響・潜在ニーズ（魚を自分の力で得る）も考えて、問題を俯瞰的に理解する議論を行いましょう。

- □ 記事やネットなどで必要と指摘されていることや当事者の要望をそのまま受けとめるのではなく、どうなることが中長期的に地域・社会にとってよいのかという視点から問題を検討したか？
- □ これまでの地域・社会のままを想定するのではなく、目指したい地域・社会の姿から逆算（バックキャスト）した時に、何が足りないのか考え話しあったか？

(5)このステップで実現したいこと

　社会の前提が大きく変化してきている中で、社会や組織で起きている様々な課題を思い込みではなく、実際に何が起きているのかを多面的に理解することが、問題解決の第一歩となります。そこで、目の前の現状だけを注視するのではなく、自分たちの業務範囲、業界を超えて違うセクター、違う分野・専門の情報にまで視野を広げ、現況の背景や未来への影響も範疇に入れた俯瞰的に考える大切さに気付く必要があります。今、何が起きているのか、何が問題なのかを理解するには他者の視点が必要であり、そのような多面的な視点・視野・視座から現状や問題を考えるためにも「協働」が求められていると自覚する必要があります。それゆえ、他者との対話への積極的な参加が自然に行われることが期待されます。

【コラム】地域を総合的に見るには？

　地域を多面的に見る、自分が把握できていないことを知るヒントとなるのが、一般財団法人 CSO ネットワークによる「「地域の力」診断ツール」です。その地域がどのように持続可能であるかを、「共生社会」「経済・金融」「自然との共生」「暮らしと生活」「公共施設」「文化と伝統」の 6 つの分野からその地域に住む人々自らが診断できるものです。診断結果を課題分析に役立てることも、診断の過程で何が見えていないかの気づきにも活用できます。

▶ https://www.csonj.org/assessment-tool/

ステップ2
何がゴールなのか話しあい、分かちあおう
——社会システム全体での対応力を高めるイメージを描く

(1)このステップの位置づけ

　これまでの「課題解決」は、問題を分析し、担当に割り振り、個別のセクションが解決するという方法が多く見られました。しかし、これからの“複雑な問題”を解決するには、問題を抱える当事者や社会が連動して問題の予防・早期発見・対応の力を高めているような未来の状況を考え、そこから逆算（バックキャスト）して、何に取り組むのか考えていく必要があります。それには、これまでの延長線上で考えるのではなく、社会システムの問題対応力が高まっているゴール像を具体的に考える必要があります。未来の正確な予測を求めるのではなく、多様な分野、専門の人とありうる未来へのシナリオをつくる過程で、必要とされることの理解を深めていきます。

(2)このステップでぶつかりやすい壁

■ぶつかりやすい壁■　　**問題のなくなることがゴールだと考えてしまう**

「問題を分析し、最も重要な原因を明確にし、問題の原因を取り除けば解決できる」という要素還元的な考え方に慣れている人が多く、「現状の問題をなくすには、何をしたらいいのか？」から考え始めてしまいがちです。「貧困をなくす」「元気のない地域を活性化する」という現状の問題の除去は、問題対応が必要という総論ではまとまりやすいのですが、議論が具体化しづらくなります。また社会の問題を自分たちでなくそうとすると、その大きさの前に無力感を感じて動けなくなったり、どれだけ動いても問題がなくならないことに疲弊したりしてしまいがちです。

第4章　問題解決の前提を整える協働【第Ⅱ部】　99

■ぶつかりやすい壁■　**個々の問題に対して、個別の問題解決方法を採用している**

　他者との調整が面倒だという理由で、自分たちだけで動く単独型の問題解決方法を選びがちです。また、問題を分解し、自分の担当できる部分に責任を持って行えばよく、全体のことは担当には考えきれないという考え方は根強くあります。ただし、機械ならば全体をパーツに分解しやすいのですが、社会に関することは簡単にパーツに分解できません。さらに、分解してそれぞれが分担して作業し、最後にあわせるという進め方をすると、全体としての整合性がない、要素間に矛盾がある、ダブりや抜けがあると最後になってわかることがあります。

■ぶつかりやすい壁■　**時間の中で大きく変化している状況下で、事前に設定した解決策で対応しようとしている**

　企画の時の問題の状況が、時間が進む中で変化し、当初の企画では対応できなくなる問題が増えてしまうことがあります。「最初に（以前に）決めた通りに最後まで実行する」「先が読めることを行う」ことにこだわっていると、世界の経済社会の変化、テクノロジーの進化、新興勢力の台頭など、過去の傾向からの延長線上では予期できない変化が起きた時に、動けなくなってしまいます。

(3) 協働の考え方のシフト

→考え方のシフト→　**問題が解決された未来の状況を具体的に描く**

　これまでは「問題の論理的な分析 → 要素分解 → 重要な原因の同定 → 原因をなくす解決策 → 解決」という線形的な問題解決の考え方が主流でした。ここでは、「問題がなくなった状況」がゴールとなっています。その考え方を社会問題に当てはめることも多くあります。例えば、「貧困のない世界をつくる」「教育の格差をなくす」「元気のない地域を活性化する」など“今の問題がなくなった状況（現状の裏返し）”を、問題解決の目標やゴールに設定しがちです。確かに、「今の問題をなくす」という目標はわかりやすく、賛同を得やすいものです。しかし、現状の

裏返しだけでは、変化した後の具体的な未来の姿が見えていないため、結局、現状の構造を変えることができず、本質的な問題の解決に至らないことが多いのです。

「魚を与えるのではなく、魚の釣り方を教える」という言葉があります。食べ物を得ることができず、空腹の人に魚を与えると、確かにその場で空腹という問題は解消し、本人も満足します。しかし、その人自身に変化が起きていないため、翌日にまた空腹になり、誰かに魚をねだるでしょう。しかし、魚の釣り方を教えれば、翌日から自分の力で魚を得ることができ、自立した生活ができるようになります。

「目の前の問題をなくす」しか考えていないと、「魚を与える」解決法しか思い浮かばなくなりがちです。そこから、「目の前の空腹の人が、明日、どのような行動をし、どのような状況になったらいいだろう？」という未来の姿を考え、その人の可能性を探るからこそ、「魚の釣り方を教える」という解決策を思いつくことができるようになります。現状の裏返しに止まらず、対象者が変化した後の未来の具体的なイメージが描けていなければ、本質的な解決策は思い浮かびづらいのです。

「貧困のない世界では、今の貧困層の人はどんな仕事や暮らしをしているのだろう？」「地域が活性化した状況では、どんな人が地域にいて、何をして、どんなことに幸せを感じているのだろう？」など、具体的な未来の像を描き、それをゴールに設定することが大切です。

➡考え方のシフト➡　未来の姿を多層的に考え、新しい社会システムの全体像を描く

「魚の釣り方を教える」という解決策を実行するには、釣竿という道具が要ります。また、釣り方を上手に教える指導者も必要でしょう。さらに、釣った魚を家で調理できる環境、家族の調理技術がないとおいしく食べられません。釣りを続けるには、釣竿が壊れた時に修理する人が、たくさん釣るには漁場に行く船が必要となります。釣り方を知っていても、釣りが法律で禁止されている地域では釣りはできません。

このように解決策の実効を上げるには、スキル、道具、コミュニティ、政策などが総合的に整っている必要があります。未来の姿を描く時には、解決策で働きかける対象者の変化だけでなく、その対象者が良い行動を

しようとした時に、実行でき、良い結果が得られるような社会システムの状況（結合的ケイパビリティ）まで考えを広げる必要があります。社会生態モデルをヒントに、対象者の状況を多層的に描くようにしましょう。

➡考え方のシフト➡ 世界の変化を踏まえた未来とゴールを描く

　ゴール像を描く際、自分の仕事や分野に関係することにのみ意識が向き、直接担当していない領域は考えから抜けてしまいがちです。2020年代は、モバイル端末やAIなどのテクノロジーがさらに進化し、気候変動に対応する脱炭素が進み、SDGsへの取組みが充実していく時代であり、経済や社会の姿も大きく変わっていくと考えられています。自分たちの描くゴールに、経済社会全体の変化がどう影響するのか、活かせるのかを考えることも必要となります。

➡考え方のシフト➡ 正確な未来予測より、自分たちとは"違う"他者と様々な未来へのシナリオをつくる

　未来を正確に予測することは誰にもできません。ただし、それぞれの専門や領域では、今どのような変化が起きていて、これからどうなりそうか、方向性の見えている人は少なからずいます。自分たちとは異なる専門、分野、視点を持つ人たちと意見交換をすることで、どのような社会システムの可能性があるか、未来へのシナリオを考えることができます。シナリオは一つではなく、いくつもの"考え得る未来"の可能性を考えることが大切です。

　大切なのは、シナリオの正確な内容ではなく、話しあってシナリオをつくる過程において、変化のプロセスの中で何が鍵なのか、目指す未来になるかどうか、どこが分岐点になり得るのか、見えてくることで、問題の本質や解決策を具体的にイメージできるようになることです。

(4)このステップで実践・確認すること

✓実践・確認しよう✓ **課題解決した未来を描くために必要な情報を集める**

未来の姿をより具体的に描けるように、問題解決を進めるには誰が変わらないといけないのか、その対象者の現状はどうか、変化の追い風・逆風となることは何か、情報を集めます。

- □ 社会問題の解決には、現場の誰が変わらないといけないか、様々な立場、専門の人と意見交換をしたか？
- □ 問題の現場にいる当事者が、現状で、得ている情報、利用しているモノ、サービス、アクセスしている機関が何か、把握しているか？
- □ 現状で、当事者の生活や仕事に影響を与えている関係者（組織・機関・人）を把握しているか？
- □ これからの経済・社会・環境、地域の状況を考えた時、問題解決の追い風になりうること、逆風になりうることを、幅広く情報収集しているか？

✓実践・確認しよう✓ **未来に向けての変化のポイントを考える**

魚をもらう人から魚を自ら釣れる人へ、当事者がどう変化しているのか、考えてみましょう。

- □ 今、問題の当事者が問題の状況から抜け出しにくいのは、なぜ？（本人の要因と本人の環境要因の両面から考えてみよう）
- □ 今、問題の当事者は、自分自身で状況を良くできると強く信じることができているか？　できていないなら、なぜか？（本人のスキルと周囲の影響を考えてみよう）
- □ もし、当事者が状況を良くしたいと思う意欲が湧いたとしたら、問題はすぐに解決できるのか？　できないならば、なぜ変化は起こしづらいのか？（自己責任では解決できない要素を考えてみよ

第4章　問題解決の前提を整える協働【第Ⅱ部】　103

う）

- [ ] もし、当事者が状況を良くしようと動き始めたら、どのような仲間、継続的なサポートがあると続けることができるのか？（変化の継続と定着を支えるコミュニティを考えてみよう）
- [ ] 当事者が"魚を自ら釣れる人になる"とは、どのような状況なのか、それには何が必要なのか、まとめよう。

✓実践・確認しよう✓　未来への複数のシナリオを考えてみる

これからの経済社会の変化も踏まえて、どのような変化が、どのように起きればいいか、変化が起き得るか、複数のシナリオを考えてみましょう。

- [ ] 問題解決した未来の姿への道のりを考えるワークショップを、問題に関わる人たち、問題解決に協力してほしい人たち、これからの経済社会の変化に詳しい人たちに呼びかけて、行ったか？
- [ ] 多様な立場・専門の人と現状への問題意識とこれから起き得ると考えていることを共有できているか？
- [ ] 問題の当事者が魚をもらう人から魚を自ら釣れる人に変化するイメージについて意見交換したか？
- [ ] これからの各分野の動きの中で、当事者や社会システムの良い変化を加速できること、良い変化の逆風になることは明確になっているか？
- [ ] 問題に関わる人たちが、良い変化の加速要因、逆風要因をどう捉え、対応するか、どうしたら良い変化を促せるのか、明確になっているか？
- [ ] 変化の速度が加速する・停滞する、加速要因・逆風要因の影響度などのバリエーションから、未来に向けての3〜5パターンのシナリオをつくれているか？
- [ ] 未来がどのシナリオに向かって動いていくか、分岐点となることは何か？　また、どのようなタイミングか？

√実践・確認しよう√ 　課題を解決する新しい状況の実現に役立てる自分たちの活動や資源は何か？

- □ シナリオの分岐点で良い変化を促すために、自分たちの強みを活かせるところはどこか？
- □ 他の関係者と組むことで、自分たちの持つ資源や機会をどのように活かせるか？
- □ 良い変化を起こすために、自分たちにできること、自分たちだけでできないことは何か、明確にできているか？

（5）このステップで実現したいこと

　問題の現場にいる当事者の状況をしっかり把握した上で、その当事者が未来にどう変化すればいいか、未来の様子を具体的に描けている必要があります。最初から正確な未来は描けなくても、自分たちの考える未来のイメージをいったんまとめ、それを多様な立場や専門の人たちに問いかけ、意見を集めていきましょう。起こしたい未来の姿について対話を進める中で、何を、どう変えないといけないのか、関係者の間で共有できている状態を目指します。

　未来の状況を考える際、当事者だけでなく、その背景にある社会システムまで視野を広げて考えている必要があります。企業、政府、行政、地域の団体など色々なセクターの人々が連携しながら、問題の予防、早期発見、対処ができる状況とは、どのようなものか、そこに必要なスキルやサービス、コミュニティ、制度など包括的に捉えましょう。その検討の中では、目指す「ありたい社会」の姿だけでなく、自分が思うのとは異なる「ありうる社会」も考えます。そして、「ありたい社会」と「ありうる社会」の分岐点はどこになるのか、整理していきます。

　これらの過程を通して、当事者に寄り添う視点と俯瞰的な視点の両面から問題を理解できるようになり、かつ、それを関係者と共有できるようにしていきましょう。

ステップ3
「協働」への準備（レディネス）を整えよう
——違いやこれまでの枠組みを超えて協力するには?

（1）このステップの位置づけ

「協働」と聞くと、意味や効果はあると理解しながらも、どちらかというと負担感や大変さなどネガティブなイメージを持つ人も多くいます。時間や手間の割に効果が出にくい、自分たち自身でやったほうが早いと考える人が多い中で協働を進めていこうとしても、協働の取組みへのコミットメントは高くならず、効果的に進まなくなってしまいます。協働を進めるには、協働を行うマインドやスキルを整える準備（レディネス）が必要不可欠です。

（2）このステップでぶつかりやすい壁

■ぶつかりやすい壁■ **異なる組織文化を有する協働相手を批判している**

　分野や組織には、それぞれの文化があり、それぞれの考え方、進め方があります。自分が当たり前、常識と思っていることを相手が重視していなかったりすると一緒に活動するのがストレスになります。その状況でトラブルが生じると、「だからダメだ」と相手を批判してしまいがちです。

■ぶつかりやすい壁■ **自身の考えを是とし、協働相手に自身の考えとの同調を強いている**

　協働の相手には自分と同じ考えである（になる）ことを求めてしまいがちです。その時、自分が変わることよりも、相手が自分の考えにあわ

せるべきだと、他人を変えようとしてしまいがちです。

■ぶつかりやすい壁■　**会っていない協働相手（人や組織）に、勝手な偏見やイメージを抱いている**

　違う分野や立場の人や組織について、事実を確認しないままに噂や一般論からのイメージや想像で決めつけて考えてしまうことがあります。また、過去のトラブルの経験、相手との力関係などから、相手への不信感があり、警戒して本音を話さない状況も生じやすくなっています。

(3)協働の考え方のシフト

➡考え方のシフト➡　**自分と違う相手だからこそ、協働相手（パートナー）として必要！**

　自分とは違うタイプの人と組んで、相手にいらつくのは、「自分なら、そうはしない」と感じた時です。特に、自分の成功体験や大切にしていることを相手が違うように行っていると、「それは違う！」と一方的に否定し、「相手にも自分と同じように考え、動いてほしい」という考えに陥りがちです。

　そうなりかけたら、なぜパートナーが必要なのか思い出してみましょう。自分とは異なる立場、視点や考え方が違う存在だからこそ、自分たちだけではできない問題や解決策に取り組めるからこそ、「協働」が必要なのです。自分がしたいこと、決めたことに従わせるために他者と組むのではなく、より良い状況を求め、違う視点と経験を持つ人たちがお互いの考えを聴きあい、受け容れあい、学びあいながら進めていくことが協働の鍵となります。

　自分たちとは違う背景や考え方があるのですから、仕事の進め方や取り組み方も当然違います。他者と組む時、「違う！」と感じたなら、「相手は自分と違うことが当たり前」と考えることが大切です。協働を始める前に、違う意見のどちらが正しいかではなく、多面的な状況把握のために、それぞれの考えや文化を尊重しあうことの大切さを、関係者全員で共有しましょう。

第4章　問題解決の前提を整える協働【第Ⅱ部】　107

➡考え方のシフト➡　違う背景を持つ相手に、最初から100%の意見一致は求めない

　また、自分とは異なる他者と組もうとした時には「合意」のイメージを変える必要があります。合意＝100%の賛同を得ること、自分の考えに、違う考えの相手が全面賛成することと思いがちですが、それが合意を阻んでいます。違う考えや立場の人は、すぐに全面的には「同じ」にはなりません。「合意形成」の成果とは、どちらか一方の論理が全面的に採用されるのではなく、「AとBは合意するが、CとDは意見が一致しないので継続検討する」ということです。全部一致しないとダメだ、ではなく、目の前の関係を破綻させずに、次の活動ができる最低限必要なことを合意する。そのようにプロジェクトを進めていく必要があるのです。

➡考え方のシフト➡　最初に「協働」への不安や不信感などを出しあってしまおう

　成功体験よりも、失敗体験のほうが印象に残ります。他人と一緒に組んで負担が大きかったこと、嫌な思いをした経験があると、そのことが印象に残ります。また、他の人が苦労した話を聞くと、自分は避けたいと思ってしまいがちです。それは自然な感情です。ただ、失敗体験や他人へのネガティブな感情、不安などは口に出してはいけないと思い、隠そうとしてしまいがちです。口にはしないが感情を消せないでいると、なんとなく、協働は面倒だという気持ちが一人歩きしてしまいます。

　だからこそ、失敗体験やネガティブな考え方を、最初に包み隠さず話すことが大切です。それによって、懸念事項を先に共有でき、協働する上で何に気をつけるかを確認できます。その際、失敗体験と成功体験を必ずセットで話してもらうことが大切です。これから協働を進めて行くためには、悪いところを自覚した上で、良いところをどのようにして伸ばすのか、そして協働をすることの意味を未来志向で話しあうことがポイントになってきます。

　また、異なる文化や立場の人たちと組もうとすると、意見が対立したり、合意が難しい状況に陥ったりしがちです。合意が困難な時、何が合意を阻んでいるのかを理解することから始める必要があるのです。

　この合意を阻むものには、過去からの要因、現在の要因、これからの

要因が混ざりあっています。合意を阻むものとして、現状認識の違い（客観的情報の共有不足）、合意後の新しい状況についての知識の不足、相手への不信感、自分の立場（周囲との関係）、歴史的経緯、軋轢の歴史、合意で生まれる損得などが考えられます。合意できない時は、意外と非合理的なことが障壁になっていることが多いものです。

（4）このステップで実践・確認すること

✓実践・確認しよう✓　　自分の「協働」へのイメージを話しあおう

協働の活動には、その人の経験が大きく影響します。自分自身の考え方をふりかえるために、自分たちの組織の中でも、どのように考えているのか、どうしたらいいか、話しあいましょう。

- □ これまで意見の違う相手と一緒に仕事をしたり、連携したり、協働したりした経験は？
- □ その経験でうまくいったことは？ うまくいかなかったことは？
- □ 意見の違う相手、自分の常識の通じない相手と組む時に、自分の中でハードルや抵抗感を感じること、うまくいかないと思うことは？
- □ 次に意見のあわない人と組む時に、気を付けようと思うことは？
- □ 自分の組織のメンバーが協働について理解できていない、抵抗があるところは？
- □ 自分たち単独での運営しやすさを乗り越えてまで、他者と組まないといけない理由は？

✓実践・確認しよう✓　　「協働」に対するイメージを共有し、「協働」の可能性について話す

これまでの経験が、協働に対するイメージに大きな影響を与えてしまいます。そこで、協働し得る関係者とも協働に対するイメージを分かちあうことが重要です。そして、考えが経験に縛られていないか、違う可能性はないかということをじっくりと話しあう時間を持ちましょう。

第4章　問題解決の前提を整える協働【第Ⅱ部】　109

- [ ] 要素還元的、線形的な問題解決の限界と、包括的・動的な問題解決へのシフトへの必要性の関係者の理解度は？
- [ ] 各団体のこれまで経験してきた協働の成功は？　苦労や失敗は？
- [ ] 他団体と組む上で、不安なこと、難しそうに思うことは？
- [ ] 共に持っている情報、どちらか一方だけが持っている情報は？
- [ ] 目指すゴールに対して、自分たちとパートナーの考えが共通しているところ、違うところは？
- [ ] 協働取組以外のところでの関係は？　関係を持てそうなことは？
- [ ] 関係者の間で、これまでどのような関係、協力、軋轢の歴史があった？
- [ ] お互いから感じる可能性のあるプレッシャー、ストレスは？

(5)このステップで実現したいこと

　自分とは違う文化を持つ人と一緒に活動する時に、違和感があるのは当たり前です。違和感から目を背けたり、我慢したりせず、なぜ違和感があるのか考えてみましょう。そこから、自分の慣れた進め方、無意識に常識としてきた考え方を自覚できるようになります。そして、自分の考え方や常識と、他者の考え方や常識の違いは何か、相手はなぜそうするのか、どのような経験や優先順位付けの違いがあるのか、それぞれの良いところは何かを考えていくと、相手を受容できるようになります。他の人の良いところを見つけたら、自分の常識に固執せず、他者の良いところを積極的に取り入れてみましょう。また、意見や文化の違いからトラブルが起きた時に、だからダメではなく、自分の常識や文化を見直す機会であり、相手の常識や文化について深く理解できるチャンスだと考えることができるようになると、トラブルを相互理解を深めるチャンスと受け容れる姿勢の準備が整っていきます。

第5章

問題解決の運営基盤を
整える協働

計画策定と運営制度整備

ステップ4
パートナーを見出し、参加を誘発しよう
——誰と組むべきか？　相手の積極的な参加を促すには?

（1）このステップの位置づけ

　ソーシャル・プロジェクトを成功させるには適切なパートナーを見つけ出すことが大切ですが、それは難しいことです。パートナーとは、組むことで、お互いが単独ではできなかったことをできるようになり、相乗効果が高まる相手のことです。最初から100%のパートナー候補はいないでしょうが、共に成果を生み出せそうな相手に声かけをし、パートナーになっていくプロセスが大切です。

　しかし、いくら「一緒にこんなことをしよう」と説得しても、自分たちの都合だけではパートナーは動きません。まずは相手の実現したいことを理解して、「あなたの実現したいことは、私たちと組めばもっとうまく実現できる」と伝えることが相手の心を動かします。そのようにして、相手も主体的に参加するよう促す必要があります。ただし、開始の時点ではパートナー同士はこれまでの経験や関係性などパワーバランスの違いがあり、それが効果的な協働を阻む要素になり得ることを事前に把握しておく必要があります。

（2）このステップでぶつかりやすい壁

■ぶつかりやすい壁■　協働相手に、自分と同じ考えを有している人を求めている

　パートナー探しをする時に陥りやすい落とし穴は、最初から自分たちと同じ考えのパートナーを求めたり、自分の状況をわかってくれるパートナーを探してしまうことです。自分の考えや思いを説明しなくてもわ

かってもらえる人は稀にはいますが、そうそう出会えるものではありません。また、立場やポジション、置かれた状況などはそれぞれ違うため、自分たちの状況を完璧に理解してくれている人はほとんどいません。そうした条件でパートナーを探していると、なかなか良い相手が見つからないと思い込んでしまいます。

　また、自分たちと組んでくれたパートナーは自分たちを理解してくれ、同じ考えを持っていると思いがちですが、実際はそうではないことが多いのです。考えの違いをしっかりと確認せずに協働を始めてしまい、組んでからお互いの違いに気付くと、相手に裏切られたような気持ちになってしまいます。

■ぶつかりやすい壁■　協働相手を深く知ろうとせず、先入観などで協働相手を選んでいる

　パートナーを選ぶ時、どの団体を信頼してよいか、どこと組めばよいか、明確な基準がないため、悩んでしまう人も多いでしょう。そうすると、メディアに取り上げられている、既に他で成功している実績などを理由に決めてしまうことがあります。相手が成功者で権威がある人であれば、うまくいくと思ってしまうのです。

　また、こちらのいうことを素直に聞いてくれそうな相手、自分が利用しやすい相手を選んでしまうケースもあります。自分たちと違う考え方だとやりづらいため、従順なパートナーを探そうとしてしまいがちです。

　また、これまでの関係性が、新しいプロジェクトに影響を与えてしまうこともあります。過去の失敗や先入観などが障害になってしまい「企業は、行政は、こういうものだ！」というイメージがつきまとってしまい、相手の本質を知るための妨げになってしまいます。

■ぶつかりやすい壁■　違う文化や背景を持つ相手の立場に立って考えられない

　同じような問題に関心があっても、営利か非営利が違ったり、予算や求める金額の規模が違ったりします。目指すことが同じでも、お金、時間、かけられる労力などの状況は違います。よく、「相手の立場に立って考えましょう」といわれますが、真に相手の立場に立つことは不可能

です。例えば、行政だけで仕事をしてきた人には、NPOがどのような原理で動いているか、何を大切にしているかを実感としてはわかりません。逆もまた同じことがいえます。違う立場同士の人がお互いの文化をわかりあうことは難しいのです。

(3)協働の考え方のシフト

┌→考え方のシフト→┐ パートナーとは、一緒に歩んでいく仲間

そもそもパートナーとは何か？　もう一度考えてみましょう。もちろん、事業を手伝ってくれるだけの人はパートナーではありません。また、任せたら全部してくれる人でもありません。多くの人は、他人との関係を主従関係や契約関係で考えたり、提供者と受益者の関係で考えたりすることに慣れています。しかし、パートナーとは、それぞれの考え方や生き方を大切にしながら、お互いに共有するゴールに向かって、相互に刺激しあったり、助けあったりしながら、一緒に歩んでいける関係を持てる相手です。パートナー同士では、経験の豊富さ、専門性、ポジションや立場などの違いがあります。協働の開始時のほとんどの場合、相手と自分のパワーバランスは対等な状況ではないでしょう。それぞれの経験や専門性の違いを埋めることは簡単にはできません。

それでも、主従関係ではなく、一緒に組むことで新しい可能性を拓けると、お互いに思える相手こそが、パートナーと呼べるでしょう。

┌→考え方のシフト→┐ 多様な人・組織とパートナーシップを組む

活動を立ち上げる時、自分と似た人を仲間としてしまいがちです。しかし、「企画好きばかりで事務作業が苦手なグループ」も「コツコツとした作業の好きな人ばかりのグループ」も発展しにくいものです。

ソーシャル・プロジェクトを立ち上げる時、以下のリーダーシップの5つの役割からパートナーを考えるといいでしょう。5つの機能のすべてを得意な人や組織はほとんどありません。2人や3人で担ってもいいですし、10組織で分担しても大丈夫です。大切なのは、5つの役割を意識してパートナーを探すことです。それによって、プロジェクトの多様な局面に対応する力が高まると同時に、パートナーはプロジェクトでの

第5章　問題解決の運営基盤を整える協働【第Ⅱ部】　　115

自分の必要性を自覚しやすくなります。

① ビジョナリー：将来を見通し、実現したい未来の姿を描く。
② 企画屋：新しいことを考える、おもしろくする。
③ 事務局：事務処理が得意、関係者へのケアが行き届く。
④ 専門家：情報の収集や分析、クオリティ・マネジメントができる。
⑤ 突破者：困難な時にも元気づける、障壁を工夫して乗り越える。

➡考え方のシフト➡　パートナーとして一緒に進んでいく上で外せないことは何かを明確に

　最初から完璧なパートナーはいません。自分たちと同じ考えで、自分たちのことをわかってくれて、自分たちがやりたいことをさせてくれて、かつお金もくれるような相手は、まず存在しません。あくまで相手は他者であり、基本的に自分たちにとっては都合の悪い存在であり、自分の都合通りにはいかない、という心づもりでいることが大切です。都合が悪い中でも、パートナーの条件として、どうしてその相手と組むのか？　何を優先するのか？　相手に何を期待するのか？　何は外せないのか？ということを事前に考えておくことは、パートナー選びの上で大切です。

　しかし、パートナーを選ぶ前に条件を完璧に決めてしまうことには問題があります。条件で縛りすぎると、そもそも相手が見つからなかったり、相手のことを知る機会を逃してしまったりします。前提として相手のことを理解しようとする気持ちが大切です。

➡考え方のシフト➡　パートナー候補は、足で（行動して）見つける

　パートナー候補は、どこにいるのでしょうか？　もちろん、外に出ていかないと見つかりません。いくら待っていても、ちょうど良い相手が向こうからやってくることは滅多にありません。とにかく、「いいパートナーを探そう！」と思って行動を起こすことがとても重要です。「自分の準備が整ったら」「良い協働相手がいたら」と思っていると、永遠に良いパートナーと出会えません。また、公募を行えば、提案を持っていけば、良いパートナーが見つかるとは限りません。まずは、相手に求める条件などは差しおいて、とにかく興味のあるテーマの情報を集め、

知人に相談し、集まりやイベントがあれば自主的に行ってみましょう。そうすると、同じような思いを持っていながらも立場の違う人と出会うきっかけが生まれます。

　そして関心ある相手のホームページやブログを調べることも有効ですし、相手の行っている活動や事業に参加をしたり、見学したりといった方法もあります。かつ、相手と組むと決める前に、意見交換やミーティング、勉強会や交流会をすることも重要です。そうした中で、単に相手のことを理解するだけでなく、自分が相手に何を求めているのかということも見えてきます。それが見えてきて初めて、パートナーとなっていけるのです。

➡考え方のシフト➡ 　**協働相手を選定・発見するプロセスが重要と考える**

　協働しようとしたパートナーの過去の失敗や軋轢を理解をすることも大切です。これまでうまくいかなかったことも否定せず聴くことで、相手の価値観や何に重きを置いているかがわかります。かつ、自分たちのミスもふりかえってみてわかることがあります。ネガティブな歴史も共有し、なぜそれが起きたのかを話しあい、改善策を共に考えることは、今後のポジティブな関係づくりの基盤になっていきます。

（4）このステップで実践・確認すること

✓実践・確認しよう✓ 　**問題解決に向けて、必要な関係者の候補を列記する**

　協働パートナーとなり得る相手や団体の候補は多数あります。最初から決めつけず、多様な可能性を探ってみましょう。

- [ ] 問題解決に必要な関係者の中から、パートナーの候補を、たくさん挙げてみたか？
- [ ] テーマに関連する組織や人について調べたり、知人に尋ねたり、イベントなどに顔を出したりしているか？
- [ ] 自分の知人や同業の人が、実際にどんな人・組織と組んだことが

第5章　問題解決の運営基盤を整える協働【第Ⅱ部】　117

あるか、組んでみてどうだったか、話を聴いたことがあるか？
- □　ビジョナリー、企画屋、事務局、専門家、突破者の中で、自分たちの弱いところは？
- □　運営スタイルなどが似ていて、運営をしやすいパートナー候補は？
- □　運営スタイルや考え方に違いはあるが、効果が大きくなりそうなパートナー候補は？
- □　パートナーをどのように決めたらよいか、効果的な決め方をしているか？

✓実践・確認しよう✓　パートナーに求めること、絶対に外せないことは何か、考えてみる

　自分たちの実現したいゴールの達成や活動の制約条件から、協働相手に求めること、絶対に外せないことは何か、考えてみましょう。

- □　自分たちのゴール達成に不可欠なのは、どのような現場、知見を持っている組織・団体ですか？
- □　協働する組織・団体を決める際に外してはいけないことは？
- □　協働する組織・団体との間で、ある程度妥協、調整できることは？
- □　協働を進める上での予算、時間などの制約条件、参画者に協力や理解を求めることは？
- □　パートナー側からみて、「協働」を行う上で外したくないこと、優先させたいことは？
- □　契約、協定書、参加登録などに入れておきたい項目は？

✓実践・確認しよう✓　協働パートナーとなりそうな人の活動や考え方を実際の現場を共有しながら体験してみる

- □　パートナー候補について知っていること、よくわからないことは何か？
- □　パートナー候補が実現したいこと、それを相手が実現する上で自

分たちと協働する意味を考えたか？
- □ 相手の目指していること、価値観・考え方を、どの程度、理解しているか？
- □ 相手と自分たちの間に、目指すこと・考え方・優先順位の付け方に、どのような共通点とどのような違い（ギャップ）があるのか？
- □ 相手と組むことのリスク、相手の中にあるリスクは何か？
- □ 相手の活動やイベントなどの現場に実際に参加したことがあるか？
- □ 勉強会や交流会など、お互いのことをフランクに知りあえる場を共にしたか？

(5) このステップで実現したいこと

　協働といいながらも委託関係、作業請負などの名目的なパートナーが多いのですが、そうではなく、お互いが自立しながら、目的を共有できる実質的なパートナーを見つけることが大切です。実質的なパートナーであれば、困難な状況も一緒に乗り越えていくことができるでしょう。

　また、パートナーとの関係性づくりでは、相手を受容し、リスペクトする気持ちを持つことがとても重要です。例えば自分が知らないことを相手が知っているかもしれないという気持ちも一つのリスペクトなのです。そのような気持ちを持つことが、パートナーとうまく関係性を築くためのカギとなります。そして、組み始めると、釣った魚にエサをやらなくなってしまうようなことも起こることもありますが、そうではなく、相手をかけがえのない存在と思い、大切に思い続ける関係になれることがこのステップのゴールです。そうして、「協働」の難しい状況を一緒に乗り越えていけると、協働取組はうまくいくのです。

ステップ**5**
共有の目標と達成への
戦略的計画を立てよう
——何を達成し、そのためにどう進めていけばいいのか？

（1）このステップの位置づけ

　誰かと組んで何かを成し遂げようとする時、そのゴールを共有しておく必要があります。「協働」の相手が決まったら、そのパートナーと一緒に、何を、いつまでに達成すればよいのかを明確に設定し、そのための計画を作成しましょう。それによって、迷った時の判断基準や、行動指針ができます。さらに、大きな目標へ向かうための途中の目標すなわち「中間目標」を立てることで、今現在の進捗状況や、それぞれの時期において何を優先すればいいのかが明確になります。

（2）このステップでぶつかりやすい壁

■ぶつかりやすい壁■　**何をするのか？　に目がいき、活動の全体像が見えなくなっている**

「協働」の相手が決まると「まず、何をするのか？」という目先のタスクに目がいきがちになり、計画を練らないまま、事業がスタートしてしまうことがあります。事業を進め始めてから、計画通りにいかず、「こんなはずじゃなかった！」という苦い思いを経験したことがある人も多いのではないでしょうか。また、目の前の活動を頑張っても、手ごたえを感じられなくなったり、何のためにしているのか見えなくなったりすることがあります。このように、目の前のことにふりまわされると、一緒に組んだパートナーたちが空中分解してしまうという最悪の結果を招いてしまうこともあります。

■ぶつかりやすい壁■　総論賛成、各論反対に陥って動けなくなる

「地域活性化が必要だ」と問題意識を共有して集まったメンバーが、具体的な計画づくりになると、「観光が優先だ」「医療が優先だ」と静いになってしまうことがあります。「これまでにない発想が重要だ」という議論をしていたグループで、新しい進め方をしようとすると強く反対されることもあります。やらなければいけないのに、どうしたらよいのかわからず、動けなくなってしまうのです。

■ぶつかりやすい壁■　計画を立てることで内容を固定化され、状況の変化に対応できない

　事業計画において内容や進め方、スケジュール、成果目標を定め、その通りに実行しないといけないと決めてしまい、状況が変化し、施策が有効ではないとわかっても、計画に縛られて変更ができないことがあります。また、動き始めてから問題のより深い理解を進めたり、事業内容の改善を行う時間をとったりしたことで事前の計画通りの結果が出ていない場合、「結果が出ない活動」「よくない活動」と評価されてしまい、醸成した活動の基盤を活かせない状況に陥ります。

（3）協働の考え方のシフト

➡考え方のシフト➡　計画づくりの段階から話しあい、ゴール実現への道筋を共につくる

　これまでの協働では、誰かがリーダーシップをとって計画を作成し、周りがそれに従う、もしくは計画の必要な部分をパーツに分けて発注するというスタイルが多く見られました。しかし、"複雑な問題"に対応するには、多数の主体が相互作用しながら協働を進めていく必要があります。それには計画づくりの段階から、多様な主体が感じている課題を共有し、目指すゴールに向けての計画を一緒に作成するところから関わってもらい、意思決定を共にすることによって、パートナーシップを深めていく必要があります。

　また、計画を検討する際、お互いをよく知らないままに、話をまとめることを優先し、それぞれが求めることやアイデア、不安、懸念をよく

第5章　問題解決の運営基盤を整える協働【第Ⅱ部】　121

話さないままに進めてしまう場合も見受けられます。それぞれの経験があるからこそその視点やアイデア、不安や懸念に気を配り、お互いの話を丁寧に聴きあいながら進めましょう。

➡考え方のシフト➡ 目標達成のための評価指標（KPI）がメンバーの共通尺度になる

　社会や地域の問題を解決するためにソーシャル・プロジェクトは始まりますが、社会問題を扱う場合、活動のゴールは抽象的なものになりがちです。目標や進捗度あいを関係者が具体的に共有するために、指標の設定は大切です。最終的に目指す当事者の様子や社会システムが実現した時に、何が現状と違っているのかを考え、目標達成指標（KPI：Key Performance Index）を設定しましょう。KPIは、成果として起きてほしい状況への到達度を数値で表すものです。新しい行動を始める人の数、対象者の平均収入など計測可能なものを設定しましょう。活動の意味も多面的であるため、KPIは1つではなく、複数設定しましょう。その際、利用者数などのアウトプット、事業参加後に新しい活動を始めた人の数などのアウトカムの両面から設定することが大切です。

➡考え方のシフト➡ 評価と改善を組み込み、柔軟に変化できる計画をつくる

　"複雑な問題"を扱う協働では、目標、計画を立てて事業を始めても、計画通りに進まなかったり、壁にぶつかって活動内容が予定から変わったりする場合があります。計画を固定のものと捉えず、柔軟に変えていくことが望ましいのです。例えば、「3週間現場でニーズ調査を行い、その時点で目標を検証して再設定し、その後2カ月間試行した後、再度、目標と計画を検証し、改訂する」といったように、見直しを組み込んだプロセスを定めておく必要があります。

　計画（Plan）・実行（Do）・評価（Check）・改善（Action）のPDCAサイクルにおいて鍵となるのは、評価（C）の部分です。現場で活動を進めていくと、評価が後回しになりがちです。ですから、計画の段階で評価の時期と手法を定め、それを実行することが大切です。評価は、内部で「ふりかえり」を行うのに加えて、定期的に、目標やビジョンを共有

する第3者からの評価を得る方がいいでしょう。評価にあたっては、活動の結果（アウトプット）だけでなく、その結果が最終的な生活にどうつながっているのか、アウトカムの評価も大切です。（アウトプット、アウトカムはステップ10を参照のこと）

また、評価の結果、活動を見直し、改善すること（A）も大切です。予定通りにいかなかったのは「何を見落としていたからなのか」を多面的に検証し、それを計画の見直しに反映させましょう。計画の見直しは、あくまでも最終的な目標により効果的に到達するためと忘れないようにしましょう。

このような見直しのプロセスがあることを、協働の参加者全員が共有しておく必要があります。契約、協定書、参加登録などに、「計画や実施内容は、実施期間中の評価に基づいて見直し、変更になることがある」旨を明記しておくことが望ましいでしょう。

(4)このステップで実践・確認すること

✓実践・確認しよう✓　計画作成のプロセス自体を「協働」とする

「誰かが計画を定めて、実行をお願いする」というのでは当事者意識は生まれにくいものです。関わる人が「自分たちの計画」と思えるプロセスを設計しましょう。

- □　計画作成の過程に、当事者も含めた関係者の参加できる場を設けているか？
- □　計画作成に必要な情報を共有しあい、関係者が最終決定前にコメントするなど、参加型の意思決定の仕組みを設けているか？
- □　関係者が求めていること、不安や懸念を表明できる機会を設けているか？　不安なども口にしやすい場づくりを行えているか？
- □　関わる人たちは「自分たちの計画」と思えているか、確認したか？

✓実践・確認しよう✓　「協働」が成果を出すためのKPIを設定する

抽象的な目標では解釈に違いが生じます。目標の達成度を把握するた

めの指標を設定しましょう。

- ☐ 「協働」で共有する課題と共に実現したい目標は？
- ☐ 「協働」が成功した時に、現状と違って起きていること、増えている・広がっていることは？
- ☐ 「協働」が成功した状態で、現状との違いを数値で表すとしたら？
- ☐ 「協働」の目標実現に向けた中間目標は？
- ☐ 「協働」活動の成果の到達度を測る指標（KPI）は？　指標の計測の時期と方法は？

✓実践・確認しよう✓　見直しプロセスを組み込んだ計画を策定する

計画は内容を詳細に詰めるよりも、見直しを含めたプロセスを共有することを大切に作成しましょう。

- ☐ 中間目標の達成に向けて、各参加者が取り組むことは？
- ☐ PDCAサイクルのC（中間評価）とA（改善）の方法と時期は？
- ☐ 内容を変更する時に、どのように検討し、意思決定する？
- ☐ 進捗度と成果の達成度を共有するミーティングは、いつ、どのように行うか？

（5）このステップで実現したいこと

計画をつくる意味は、目標の達成に向かって、どのように進んでいるのか、道筋を考えることです。「協働」を組む相手と共に計画をつくり、目標と実現への道筋を分かちあえている状態を目指しましょう。目標は高く設定し、「協働」を組むからこそ達成できるんだ！　という強い納得感を持つことが大切です。また、目標が高ければ高いほど、目の前の現実とのギャップを感じやすくなってしまいます。そのために中間目標や評価指標を具体的に設定し、達成のための道のりを明確にしましょう。

ステップ6
運営制度を設計しよう
——どのように役割分担し、体制をつくるのか?

(1)このステップの位置づけ

　ここまで、「協働」を組むメンバーを決定し、協働取組の目標と計画を立ててきました。それを実行に移すためには、役割分担、ワークフローの仕組み化、共有ルールの整備などの運営体制が必要になってきます。計画づくりから関わることがメンバーの「協働」を深めるのと同様に、運営体制づくりが協働の大切な鍵となってきます。また、協働のプロセスと成果の正当性を高めるには、包括的で透明性の高い運営体制が必要となってきます。このステップでは、「協働」を組むメンバーの個性を活かしながらも、それぞれの思いや行動がバラバラにならないような運営制度づくりを目指していきます。

(2)このステップでぶつかりやすい壁

　■ぶつかりやすい壁■　**自身と協働相手は、進め方も運営への考え方も同じであると思い込んでいる**

　自分が「こうするのが当たり前」と思っていることを相手ができていない場合、大きなストレスが生じます。また、トラブルが起きてから相手との違いに気付き、「こんなはずじゃなかった!」という結果を招くこともあります。違いは、考え方だけでなく、仕事の進め方もそれぞれ異なります。例えば、どの会社や団体も行っている経費精算ひとつ取り上げても、それぞれ違う手順やルールで行われていますが、お互いに確認しないまま進めてしまいがちです。

　協働取組を進める際のツールも、それぞれの組織の事情が影響してき

ます。メンバー間の情報共有のツールも、メーリングリスト、グループウェア、facebook などの SNS など組織によって違っています。使いやすいツールや使い方の違い、情報セキュリティの取組みの違いからのトラブルも生じることがあります。

■ぶつかりやすい壁■ 役割分担がうまくできず、特定の組織や人に負担がかかる

関係者の間で役割分担を定めても、それぞれの時間やペースがあわなかったり、期待した内容ができなかったりした場合、役割分担がうまく機能せず、特定の組織や人に負担がかかってしまいます。うまく役割を持てなかった人は、参加から遠のいてしまいます。

■ぶつかりやすい壁■ 「この相手に話しても通じない」と思いこみ、本音をいわず、表面的にだけ付きあう

考え方が違う相手と話す時、「この相手に話しても通じないかな？」と感じると、自分の考えを正直に話すことを諦めてしまうことが少なからずあります。トラブルが起きないように建前で話し、本音を話さないことで、活動の内容も決まり事も相手にあわせて妥協してしまうようになります。そうすると、活動を他人事のように思うようになり、それが続くと、お互いの不信感が高まり、活動へのストレスも高まってしまいます。

■ぶつかりやすい壁■ 協働相手との情報共有を後回しにしている

協働取組がうまくいかなかった時、多くの人が「情報共有が足りなかった」という反省を口にします。協働取組を進めて行く時、個々の作業に遅れが出た時などは、情報共有よりも自力で後れを取り戻すことを優先してしまいがちです。協働相手との間において、情報共有を後回しにした結果、進捗がさらに遅れたり、状況が悪化してからの報告になってしまうこともあります。そういったことを繰り返すと、メンバー間で不信感や疎外感が生じます。すると、トラブルの時、「聞いていない」「勝手に変えるな」といった言い争いが起きやすくなります。

(3) 協働の考え方のシフト

➡考え方のシフト➡　協働の運営基盤として、運営制度も共につくる

　協働しようとする時、問題意識や目的などは話しあいますが、進め方や運営体制についての確認がきちんとできていない場合も少なくありません。目的などの合意と同じように、進め方や体制を具体的に合意することが大切です。違う人と組む時、目標やビジョンの共有も大切ですが、物事の進め方や事務的なことも共有することが大切です。

　書類の管理、経費精算などは細かいことのように思いますが、せっかく良い理念や思いのある人が集まっていても、情報や金銭など事務的トラブルからの不信感が溜まると、内部崩壊につながることが多いのです。事前に関係者のお互いの違いを共有した上で、運営の仕組み自体を共につくることによって「自分たちの運営法」となれば、ストレスは溜まりづらくなります。

➡考え方のシフト➡　ワークフロー、ルール、ツールから運営を仕組み化する

　仕事の進め方が違う人が一緒に仕事をする時には、仕組みを整えることが大切です。例えば、経費精算ひとつにしても、組織によって考え方は違います。いつまでに、どのような伝票を使って、何を記載し、誰にいつまでに依頼するのか、など具体的に決める必要があります。

　仕組み化の第1歩は、どのタイミングでどの書類を誰に出すのか、誰が決済するのかなどの具体的な進め方（ワークフロー）を定めることです。それぞれの作業や事務の進め方を共有した上で、一つの進め方に沿って運営していくシミュレーションをしてみて、他のメンバーにとって違和感があることなどを話しあいながら、グループとしてのワークフローをつくっていきます。

　ただし手順が定まっても、日頃の動き方が違う相手と組む場合、自組織内のような暗黙の了解が通用しません。だからこそ、運営の基本的な考え方をルールとして先にまとめることが重要です。多くの人はルールを「縛り」や「罰則」と捉えますが、そうではありません。ルールとは、

第5章　問題解決の運営基盤を整える協働【第Ⅱ部】　127

お互いが大切だと思っていること、それぞれが「当然」だと思っていることを言語化して共有することです。ルールに対する考え方の議論を通して、お互いの運営の考え方の理解が深まります。

　ワークフロー、ルールが整ったとしても、メンバー間のコミュニケーション・ツール、書類の書式など、業務のツールの使い勝手は人や組織によって違います。伝票、議事録などの書式、フォーマットを決める過程で、どんな情報をどのように共有するのか具体化することもできます。ツールは多様なものがあるので、それぞれが使い慣れているものは何か、協働取組に必要な機能は何かを考え、メンバー全員が共通ツールを使いこなしていく必要があります。

➡考え方のシフト➡　仕組みがあってこそ役割分担で個性を活かせる

　役割分担の前提には、役割が明確に設定できていることと役割に求められることが明確になっていることがあります。それらを明確にするには、結果を生み出すためのプロセスがワークフローとして整理できている必要があります。またルールで何を外したらいけないか、何を使えばいいかツールも明確になっている必要があります。役割分担がうまくいかない時は、どこを仕組み化すればいいかがわかるチャンスです。

　また、それぞれが安心して自分の力を発揮できるようになるには、自分がどう動けばチームに貢献できるかが見えている必要があります。役割があるからこそ、個性を発揮できるのです。仕組みづくりは、それぞれの力の発揮できる場を整えることでもあるのです。

➡考え方のシフト➡　情報共有を仕組みとして徹底し、意思決定には参画してもらう

「協働」という身体にとって、情報は血液です。情報は絶えず流れ、いきわたっている必要があります。「自分のところに情報が回ってこない」と感じると、人は疎外感を感じるものです。情報共有の方法や流れ、ルール（「毎週○曜に共有」など）は明確に決めておきましょう。

　また、情報と同様にトラブルのもとになるのが、意思決定への参画です。「自分の知らないところで決まっている」というのは、メンバーのストレスになります。協働取組の意思決定では、最終決定する前にメン

バーに意思確認をすることが大切です。それには意思決定に関する情報の流れや判断の基準、決定プロセスなどを仕組みとして整える必要があります。もちろん最後はリーダーが決めないといけない場面もありますが、大切なのは「参加できる機会があったかどうか」なのです。

また、意思決定と責任の所在は一体です。特定の人が決めると、うまくいっていると不満は出ませんが、うまくいかなくなった時に意思決定者の責任を厳しく問い始めます。全員参加の意思決定によって、全員が参画者となることが必要です。

➡考え方のシフト➡　事務局の役割、運営コストについて話しあい、合意する

ソーシャル・プロジェクトの運営の基盤となる事務局を立ち上げることは、協働の仕組みを整え、運営することに責任を負う人をきちんと決めることを意味します。協働をスムーズに進めるには、メンバーが事務局の大切さを理解し、運営に協力することが大切です。

事務局は、初期段階は参加組織の中で、誰かが担当となって運営することが多いでしょう。その際、事務局の運営コストについて話しあうことが大切です。ボランティアで行ってもらうと、他の仕事などとの兼ねあいで「協働」の業務が後回しになりがちです。また、細かい経費や作業も当初はカバーできそうと考えても、積み重なると大きな負担になることもあります。事務局の費用と作業をしっかり見積り、その遂行を評価する文化が大切です。

(4)このステップで実践・確認すること

「協働」が効果的に進む基盤となるために、運営制度の設計や実施にあたっては、下記の項目を確認する必要があります。

✓実践・確認しよう✓　進め方や運営制度への考え方を共有し、仕組みを構築する

運営制度を共につくることの大切さを確認した上で、グループとしての運営方法を固めていきましょう。

第 5 章　問題解決の運営基盤を整える協働【第Ⅱ部】　129

- [ ]　「協働」の実施では、目的や活動内容だけでなく、進め方や運営
体制についても共につくり、運営していくことが大切だと、参加
メンバーの間で確認する話しあいの場を持っているか？
- [ ]　業務の進め方、書類管理、経費精算など事務手続き、情報共有の
ツールなどを、メンバー各組織ではどのように行っているか、何
を大切にしているか共有したか？
- [ ]　「協働」の運営に必要な進め方、事務手続き、情報共有の洗い出
しを行ったか？
- [ ]　「協働」の運営でトラブルや時間のロスが多いところを考え、ど
んな仕組みが必要か、検討しているか？
- [ ]　「協働」の運営に必要な業務を、新しく参加した人が行っても再
現できるように最初から最後まで一部始終を洗い出し、ワークフ
ローとしてまとめたか？
- [ ]　「協働」運営に必要な仕組み（ワークフロー、ルール、ツール）
を明確にできたか？
- [ ]　仕組みについて、実際にそれぞれの参加者が実行する前提でシミ
ュレーションを行い、メンバーにとっての使い勝手の良さ、難し
い、面倒と思う点を確認し、実行できるよう改善しているか？
- [ ]　事務局の担い手、役割、費用負担について確認しているか？

✓実践・確認しよう✓　情報共有と参加型の意思決定を仕組みとする

　情報共有と意思決定への参加は関係づくりにおいて極めて重要ですが、
多忙な時には後回しにしがちです。運営の仕組みとすることで、プロジ
ェクトの基盤としましょう。

- [ ]　協働取組の運営において、何の情報をどのように共有するのか、
なぜそれが大切か、関係者で話しあう場を設けているか？
- [ ]　関係者全員が参加する情報共有のルールとツールは？
- [ ]　進捗や成功、トラブルなどについて、いつ、誰と、どのように情
報を共有するのか、定めたか？
- [ ]　メンバーが協働取組の内容について、意見を出せる機会と手法

は？

- □ 協働取組の意思決定のワークフロー（起案→意見募集→議論→決定）、ルール、意見が出しやすい方法を整え、参加型で運営できる仕組みを整えているか？
- □ 意思決定は、いつ、どの場で、誰が参加して、どのように決めるのか、決定する内容の種類別に決まっているか？
- □ 情報共有が特定のグループ内でされたり、意思決定があちらこちらで行われたりしてしまっていないか、確認し続けているか？

✓実践・確認しよう✓ **運営の考え方を契約・協定書・参加登録・規約などに組み込み、確認できるようにする**

計画や運営制度が見えてきたら、それを言葉にして文書で共有しましょう。口頭で話しているだけだと状況の変化や関わる人が変わるとブレることも多いため、文書化して確認することが大切です。

- □ 契約・協定書・参加登録・規約などの文書の作成において、意見交換する場があるか？
- □ 特定の組織が優位になるのではなく、参加組織それぞれの権利が守られるようになっているか？
- □ それらの文書において、目的を明確にしつつも、状況に応じて内容を変えたり、見直したりできるようになっているか？

（5）このステップで実現したいこと

このステップをクリアすると、運営体制が固まり、役割分担を共有できるようになります。運営ルール、意思決定などの仕組みが整い、事務局の担うことが明確になったという状態になります。その結果、事務的なこと、情報共有の仕組みがしっかりしてくるので、協働取組を進めていく時に、不安感がなく、自分だけ情報が来ていない等の無駄な不安がない状態になります。相手にも不信感がなくなるため、本音で内容について話せるようになり、討論の場でも無駄な駆け引きが起こりません。また、相手との関係性が良いと、進捗がうまくいかない時もフォローし

第5章　問題解決の運営基盤を整える協働【第Ⅱ部】　131

あう風土ができます。そうなることで、進捗が遅れている時も、お互い言いやすくなり、情報共有が頻繁に行われ、より関係性が深まるような良いスパイラルへ向かうことができます。「協働」を組むメンバーはそれぞれ異なる文化を持っているため、共同運営をすることには困難も伴いますが、それぞれの個性を生かしながらうまく協働取組が回った時には、非常に大きな相乗効果を生み出します。

第6章

問題解決の推進力を
強化する協働

継続的改善と中間支援

ステップ7

場づくりを活かした関係性の改善力の強化

──何をどう分かちあうと、もっと協力できるのだろう?

(1)このステップの位置づけ

　参加者の決定、計画の作成、運営体制の確立など、これまでのステップを踏むことで、協働取組の事前準備にベストを尽くすことができます。しかし、「協働」で行う取組みは前例が少なく、先行きが不透明です。実際に運営してみて初めてわかることや、想定外の問題が起こることもあります。だからこそ、運営をしながら、継続的に計画や体制を改善していくことが重要になってきます。そのためには、協働取組の進捗状況や起こった問題などを共有し、改善する力をつけるための「場づくり」がポイントになってきます。多くの人は想定外の問題が起こると、協働取組自体を否定しがちです。しかし、問題の発生をチャンスと捉え、「場」を使って発生した問題を解決・改善していくことで、「協働」がさらに深まり、さらなる相乗効果を期待することができます。

(2)このステップでぶつかりやすい壁

■ぶつかりやすい壁■　それぞれが個々で作業をしている

　そもそも、日本人の多くは共同作業を苦手とし、それぞれが個々で作業しがちです。「協働」の取組みでも同じことが起こります。まず、最初に役割分担が決まるとそれぞれが自分の役割を個々で進めていき、中間や最後で結合しようとします。しかし、後になって結合しようとした時に誤差が生じていると、調整しづらくなります。また、計画通りに進んでいないことに対して、個人を批判する人が現れたり、問題が起きた時に責任のなすり付けあいになったりします。

■ぶつかりやすい壁■　場を仕切る、まとめることを重視しすぎる

　多様な参加者がいると意見が食い違ったり、対立したりします。それをトラブルと考えて避けようとするあまり、関係者が集まる場が形式的なものになりがちです。

　また、多様な意見をまとめよう、早く物事を進めようとして、場を仕切る人が出てきて、特定の人が主導する場となりがちです。それで、うまくいっている時はいいのですが、問題が起きると「○○のせいだ」「言われたからした」などと批判の応酬に陥ることがあります。

■ぶつかりやすい壁■　「協働」を深めるプロセスを軽視している

　成果や効率を考えた時、自分1人でやったほうが早い、本当は自分のやり方があるけれど相手にあわせてあげている、という「妥協」の考え方をする人も多くいます。確かに、1人のほうが効率良く作業を進められる場合も多いのですが、それでは他者と組んでまで事業を進める「協働」の意味を見失ってしまいます。成果や効率を優先して考えてしまうと、「協働」の意味や関係性を深めるためのプロセスが軽視されてしまいます。

(3)協働の考え方のシフト

➡考え方のシフト➡　変化する状況に対応するため、コミュニケーションを続ける

　"複雑な問題"は最初からすべてが見えている訳ではなく、問題解決に取り組む中で、見えていなかったものが見えてくることで、問題の原因となっている深い構造が理解できるようになります。そのため、問題解決への取組みも、進行途中で新しいアイデアが生まれたり、計画も実行内容も状況に応じて、どんどんとバージョンアップしていきます。

　従来のプロジェクト・マネジメントの考え方では、計画をつくって、タスクに分解して、タスクごとに人をアサインして、後は着実に遂行して、成果を出すことが重視されました。つまり決められたことを決まった通りに行うことが重視されていたのですが、複雑な社会問題に対しては、状況も内容もどんどんと変化することを前提に進めていく必要があ

ります。計画通りに進まない時や新たな問題の発見は「悪いこと」ではなく、今まで見えていなかったことに気付き、問題への理解が深まるチャンスです。

このように実施過程で、理解が深まり、変化が起きていく状況では、コミュニケーションを続けることが、とても大切になり、その場づくりが必要となるのです。

⟮→考え方のシフト→⟯ メンバーを守り立てるファシリテーター型リーダーシップ

相互信頼と協働へのモチベーションを高め、次のアクションへの機運を高めるファシリテーター型リーダーシップを取り入れましょう。ファシリテーターとは、話を仕切る人ではなく、参加者が安心して話せる環境をつくったり、話しやすい工夫をしたり、自分の発言や行動がチームに役立っていると実感できたりするように、参加者の安心感や出番をつくっていく場の守り立て役です。メンバーが意見を出しあい、相互作用しながら進めていくためには、それぞれの安心感や出番を守り立てるリーダーが必要です。リーダーは、メンバーの状況をしっかり見て、メンバーが少しでも成長したら、褒めることが大切です。例えば、30点だった評価が35点になった時、たった5点の伸びだったとしても、そこをしっかりと認めましょう。少しの伸びでも確実に認められることで、メンバーのモチベーションも上がり、その結果、チーム力が高まります。つい、今は存在しない80点の人を期待し、今現在の40点と比べがちですが、今のメンバーのがんばりを褒め、さらなる点数アップに期待しましょう。

⟮→考え方のシフト→⟯ 会議や話しあいを目的に応じたものにする

ソーシャル・プロジェクトでは、次の4種類の場を効果的に組みあわせた運営が大切です。

① 定期ミーティング…定期的に進捗やお互いの状況を確認します。その中で、忙しさなど相手の状況もわかります。参加者は協働のミッションを行っているので、問題の状況、小さな達成、協働で

見つかった新しい事実を積極的に共有しましょう。小さな問題ほど後回しにせず、定期的に確認し、すぐに解決することが大切です。

② 勉強会…他地域での成功事例、新しい社会の動きなどを、外部講師を呼んだり、メンバーの知識や経験を共有したり、テーマについての対話をしたりすることで共に学ぶ場が必要となります。共有しているものが多ければ多いほど、メンバー間での話の進み方も早くなります。

③ 中間ふりかえり…定期ミーティングとは別で、半年に1回程度、行うと効果的です。定期ミーテリングでは業務内容や進捗状況の確認が中心になりますが、中間ふりかえりでは、目標への到達度から進め方や役割分担を見直すなど、より根本的な対応を検討することができます。

④ 課題解決ワークショップ…日常の流れから離れ、運営の現状の問題について考える時間を持ちましょう。動的な協働は状況に応じて内容も変化していくため、参加者間の理解度にばらつきが生じると、誤解や不安、懸念が広がってしまいます。ワークショップでは、日常だと流されてしまいがちなことをきちんと取り上げ、深く掘り下げることによって、運営の課題の早期発見と対応ができます。そのような経験が変化に強いチームを育てていきます。

➡考え方のシフト➡ ふりかえりを通して、チーム力を向上していく

ふりかえりの目的を「何が、誰が悪いか考え、それを正すこと」としがちですが、そうではなく、チーム力の向上を目指すことが大切です。

例えば、誰かがミスをした時、その人を責めるのか、チームとしての改善のチャンスと捉えるかで、そのチームの未来は変わります。ふりかえりをしていると、ついうまくいっていないことや悪いことを報告しがちですが、そうではなく、まずはできていることを認めた上で、それをさらに良くするために足りないところは何かを話しあうことが望ましいのです。ミスをした人が責められて、「私が悪かった」で終わらせてしまうのではなく、他のメンバーが今回のミスを繰り返さないために何が必要なのかを考える場にしなくてはなりません。また、「気遣いが足り

ない」というような感情論に傾きがちですが、結果につながるのは、あくまで行動なので、感情ではなく行動の改善について話しあいましょう。

(4)このステップで実践・確認すること

✓実践・確認しよう✓　場づくりによって、協力関係を深め、継続的改善の力を高める

　状況や目的に応じた場づくりを行うことで、違う文化の組織がお互いの背景や目指すことの理解を深め、失敗やプロジェクトの問題を共に解決していく経験を積み重ねることができます。場づくりを工夫していきましょう。

- □ プロジェクト参加者の間で相互理解を深める必要があることは？
- □ パートナーそれぞれの経験や専門性をもっと共有し、もっとプロジェクトに活かすには？
- □ 運営上の課題を早期に把握し、改善できる仕組みは？
- □ 定例ミーティング（共有する内容、進め方、時間・場所）の設定は？
- □ プロジェクトに今、必要な勉強会の検討を定期的に行っているか？
- □ 勉強会の企画・運営の工夫は？
- □ 中間ふりかえりをいつ、どう行うか、計画に組み込んでいる？
- □ プロジェクトに問題が起きそうな時、生じた時、ふりかえりやワークショップなど参加型で解決しようという流れはあるか？
- □ 場づくりのファシリテーターを育成できているか？
- □ パートナーそれぞれに対して場に参加を促す呼びかけ方の工夫は？

(5)このステップで実現したいこと

「協働」は循環の中で育っていくこと（協働の循環作用）を理解する必要があります。壁にぶち当たった時、問題が起きた時、協働相手を責め

あうのではなく、問題を早く口にでき、それに対応できる関係性ができていること自体が、社会システムのシフトにつながっていきます。協働はただ業務を進めるだけでなく、問題理解や学びが深まるというスループットが大切です。個々の自己成長の実感が協働へのモチベーションを高めていきます。ですから、「協働」の運営にはファシリテーターの役割が大切です。状況や目的に応じて4種類の話しあいの場を使い分け、進捗や命令、指摘でなく、相互刺激を促される、そんな「ファシリテーター型リーダー」がいる状態が望ましいといえるでしょう。

さらには、中間成果の共有やふりかえりを通して、チーム力を高める話しあいを実践できることが期待されます。結果がすべてではなく、プロセスを重視し、「協働」を組むことで得られる成果をメンバー各々が実感している状態を共有できていることが望ましいといえます。

【コラム】"ふりかえり"は、反省会ではなく、評価会で

私たちは活動やイベントをふりかえることを「反省会」と呼びがちです。そして、反省会は、問題を指摘し、誰かを反省させる会に陥ることが少なくありません。"ふりかえり"の最大の目的は、現状を評価し、より良くするために何ができるかを、メンバー全員で考えることです。現状で30点の活動に対して、70点の不足を指摘するよりも、どうしたら35点、40点になるかを話しあう方が効果的です。

そのためには、下記の4つのポイントを守るといいでしょう。

①最初に「できたこと・できていること」を確認する。その後に「もっと良くするには？」を考える。

②個人の責任にしない。誰かができていないなら、それはチームとして事前確認や準備が不足していたと考える。

③問題点やわからないことを話しても、責められないルールをつくり、全員で守る。

④「これから気を付ける」など気持ちで終わらせず、次回、どう準備、行動するのか、話しあう。

ステップ8
「社会的学習プロセス」を強化しよう
——継続し、改善し続けるには、どのような「学び」が必要なのか?

(1)このステップの位置づけ

　"複雑な問題"に挑む協働において、問題への理解が深まったり、より良い解決策を生み出したりしていく過程は「学びのプロセス」ということができます。協働が進む中で視点や考え方を更新し続けていくにも、協働への参加者がお互いに関心を持って相乗効果を生み出すためにも、失敗を克服し改善していくにも、お互いが「学びあう関係性」をつくることが大切になります。関係者が「学び」のイメージを「従来の先生に教わる」から「学びあう社会的学習」にシフトすることが必要です。このステップでは、協働取組を進める上で欠かせない「学び」の新しい考え方を共有していきます。

(2)このステップでぶつかりやすい壁

■ぶつかりやすい壁■　従来の考え方、習慣に縛られ、新しいことへの抵抗がある

　多くの人は、「学ぶ」とは専門家や経験ある人からテキストとしてまとまっていることを教えてもらうというイメージを持っており、自分と違う考え方の存在から何かを学ぼうと思いません。話しあいの中で、他者の意見から自分の考えを見直し、何かを得ることができるというイメージを持っている人は、まだまだ限られています。

■ぶつかりやすい壁■　わかっていると思い、変化に対応できない

　変化の激しい時代には、「自分は経験ある」「自分はわかっている」と

思う人ほど、過去の状況に縛られ、現在起きていることに目を向けず、新しい動きを軽視しがちです。そのような人は、変化が起こった時に対応できません。また、自分には知らない世界があることに対して、自分を脅かすものだと思いがちで、自分の経験を否定されたような気持ちにさえなってしまいます。

■ぶつかりやすい壁■ 時間が経過する中で変化することは想定外

社会の状況や協働相手について、目の前の状況で判断し、それが時間経過と共に変化していくことを見落としがちです。「今、できるかどうか？」ばかり見てしまい、35点の人は80点にはならないだろう、ダメな奴はダメだと思ってしまいがちです。また、顧客が現在欲しくないものは、ずっと欲しくないと思いがちです。過去に起きたことで検証されているものが正しく、これから起きる変化の中で人々が学んでいき、意識や行動も変化していくことを軽く見がちです。また、これまで効果的だった解決策が、時間的に遅れて生じる事象や非合理な要因に影響を受けて、思ったような効果を出せていないことを見落としていることがあります。このように、過去に縛られ、今の変化、将来の状況が視野に入っていない人も多くいます。

（3）協働の考え方のシフト

➡考え方のシフト➡ 「転移型の学習」から「経験学習」に学びのイメージを変える

変化する状況で他者との協働を行うには、「学び」概念を転換することが必要です。一般的に、「学び」と聞くと、学校などで先生に教えてもらうことをイメージする人が多いでしょう。それは、「転移型の学習」と呼ばれ、知識を持っている人から持たない人へ知識を転移する学びです。その前提には、「良い方法を知れば、うまくできるはず」という考えがあります。しかし、現実は理論通りにはいかず、実践の中で経験したことから「学ぶ」こと、つまり「経験学習」が大切になります。

「経験学習」では、起きたこと、体験したことをふりかえり、その意味や良かったこと、悪かったことを考えます（p.82参照）。その個別状況

における体験の分析から気付いたことを、次の状況に応用できるように「概念化」することができれば、より現実的であり、普遍性のある知識を生み出すことができます。このプロセスが「学習」なのです。「反省しているのに、学んでいない」といわれるのは、概念化によって自分にとって大切な知識を生み出すまでに至っていない状況を指しています。日常の中でも「経験学習」を無意識に行っている人は多くいますが、協働においては、この「経験学習」を意識して行うことが重要になってきます。

＜→考え方のシフト➡＞ 「経験学習」によって、「変化」に向きあい、活動のレジリエンスを高める

壁に当たることの多い協働の取組みでは、思ったようにいかない、失敗といえるような状況に多くぶつかります。うまくいかないことを失敗という結果として捉えるか、学びのチャンスと捉えることができるかで、チームの改善力、前向きさにも大きな影響が出ます。

多くの人は、未知の状況に出会った時、戸惑い、どうしたらいいか「正解」を求めてしまいます。しかし、新しい領域であればあるほど100点の正解はなく、そもそも何が100点かもよくわかりません。その状況の中で、お互いの考えを持ち寄り、目指すゴールを設定するプロセスも学びあいです。そして、自分たちの現状がゴールに対して40点であったとしても、学びを通して50点、60点と成長していけると思えれば、前向きに進むことができ、新しい領域の100点に近いものを実現することができるでしょう。このように現場の経験を自分のレベルアップにつなげていける「学び方」を知っているかどうかが、ソーシャル・プロジェクトを進めるには不可欠です。

困難な状況にあっても対応でき、失敗しても回復できる力を"レジリエンス"と呼びますが、成功も失敗もすべてのプロセスが学びだと思えれば、変化への恐れがなくなり、活動全体のレジリエンスが高まるのです。

＜→考え方のシフト➡＞ 学びあう過程、そのものが成果（スループット）になる

協働の成果というと、どれだけの事業をしたか、どのような結果が出

たかに注目しがちです。そのようなアウトプットと同様に、場合によってはアウトプット以上に大切なのは、協働プロセスの中で「学びあう関係ができ、関係者がレベルアップしていく」というプロセスそのものの意味（スループット）です。

協働する経験がなければ、同じ地域であっても違う分野の関係者同士の相互理解は進まないでしょう。活動が進んで新たな問題に気付いた時、どうして今までこんなことに気付かなかったのかと思いがちですが、それは、以前よりも高いステージに来たからこそ見える景色であり、学習の成果といえます。

また、違う領域や組織の人の持つ課題やリソースに出会うからこそ、問題解決の可能性に気付き、関係者が問題に取り組もうという動機づけができます。

また、異なる人たちが共に実践することで、異分野の知識や技法が出会い、良いところを取り入れあうことで新しい知識を創造することができます。そして、実践を通して共につくった知識だからこそ、それぞれの現場に早く伝播していきます。学びあいにおける「学び」とは、単に新しい知識を知る学びに止まらず、相互理解、動機づけ、創造、イノベーションの伝播などのスループットを生み出すことができるのです。

（4）このステップで実践・確認すること

✓実践・確認しよう✓　「中間ふりかえり」を通して「学び」を活動に組み込む

経験を丁寧にふりかえることで、視点や視野を広げ、問題や解決策の本質的理解を深めるような「学び」を活動に組み込みましょう。定期的に開催する「中間ふりかえり」で、下記のような点を確認しましょう。

- □　ソーシャル・プロジェクトを進めてきた中で、自分が学んだこと、チームで学んだこと、他の人から学んだことは？
- □　問題の理解や解決策の実行にあたって、それぞれがヒントにしている事例や他で学んできたことは？
- □　失敗やトラブルから、問題、解決策、運営やお互いについて学べ

たことは？

□ プロジェクトを実践する中で、自分たちの中に貯まってきた経験知は？

□ それぞれが、プロジェクトの経験を通して「成長した」と思えることは？

□ 問題や解決策、運営について、わからないこと、迷っていることは？

□ わからないこと、迷っていることを明確にするために、必要な行動は？

□ 「協働」の中で、失敗や困難さを学びへとつなげるために工夫できる点は？

✓実践・確認しよう✓ 「学びの要素」と「協働」のつながりを深める中間成果報告の場をデザインする

経験からの学びは日常的に行われていますが自覚はしづらいものです。関係者それぞれが「何を学んだかを言葉にし、発表する場」を設けることによって、「学び」の自覚を促すことができます。

□ プロジェクト関係者の中で、学びの自覚を促したい人は？

□ プロジェクトを通して得た学びを分けあいたい人は？　そこから生み出したい関係は？

□ 社会課題を解決し、協働取組を継続するために、協働取組に関わる内外のどのような関係者との関係を深める必要があるだろうか？

□ 関係者と分かちあうべき現状までの成果、課題は何か？

□ 今後の発展のために関係者と共に考えたいことは何か？

(5) このステップで実現したいこと

「3人寄れば文殊の知恵」といわれます。協働をただの役割分担や業務実施だけに止めず、新しい知恵を創造し、関係者のレベルアップにまでつなげることが、目指す姿です。

第6章　問題解決の推進力を強化する協働【第Ⅱ部】

　学びあいの文化を定着させることで、協働への主体的な参画、継続的な改善ができるチームをつくり出します。学習理論を理解しているかどうかは、問題ではありません。協働プロセスに参加していることが、自分の学びになっているという認識があると、よりコミットが強くなります。仕事はアウトプットだと思いがちですが、協働しながらインプットしていくことが大切です。

　そして、違う常識の人と接することで、自分の常識を「更新」することができます。そして、相手から何かを学べると思うと、相手をリスペクトできるようになります。その常識の更新や関係性は、協働取組の後にも活かせる財産（スループット）とすることができます。

ステップ9
「チェンジ・エージェント機能」を強化しよう
——関わる人たちの変化とレベルアップを促すには?

(1)このステップの位置づけ

　異なる考え方や価値観を持つ様々な人たち、仕事のやり方も違う人が集まって、一緒に活動を進めていくためには、お互いの意見の違いや試行錯誤を「学び」として自分たちの成長に結びつけていく考え方が必要です。そのためには、間に立って、場をつくる人が必要です。場をつくるだけでなく、学びあって、成長につなげていく、進行役が必要になってきます。そういった意味では、協働の状況は、始まる前と後では変化が起きているといえます。変化とは、社会、自分たちの状況、そして自分たちも含めて起こります。日々起きる変化を良い方向への変化に導くのが「チェンジ・エージェント」の役割です。ソーシャル・プロジェクトの事務局は「チェンジ・エージェント」の機能を持つことが大切です。

(2)このステップでぶつかりやすい壁

■ぶつかりやすい壁■　変わることへの不安から現状維持に走る

　ビジネスや地域の活動の経験が長いと、それぞれの試行錯誤の結果、長年培ってきたやり方や普段慣れ親しんできたやり方がよいと思いがちです。だとすると、新しいこと、違うことに出会った時、その内容の良し悪しよりも、「自分が否定されるのでは?」「慣れていないとうまくできないのでは?」「これまで変わっていなかったのに急に変われるの?」といった不安感から、新しいことを無視し、今のままで十分と考えてしまいがちです。このままでは将来は危ないと思いながら、これまで慣れている方法を変えることができず、現状維持を続けてしまいがちです。

第6章　問題解決の推進力を強化する協働【第Ⅱ部】　147

■ぶつかりやすい壁■　目の前の作業、自分の正しさのみに囚われ、本来の目的を忘れてしまいがち

　協働の中で異なる文化の人が集まって何かをしようとすると、目の前の作業の負担感や意識のずれ、意見の食い違いに目がいってしまいがちです。そうなると、自分の意見が通るか、自分の負担をわからせるか、相手をどう説得するかなど、自分の正しさの主張に拘ってしまいがちです。また、そのようなトラブルや意見の言いあいを避けるために、妥協や落としどころを重視し、自分の意見や本当にしたいことは話さない関係になることもあります。いずれにしても、気付かぬうちに、本来の目的や成果のことを忘れてしまう状況に陥りがちです。

■ぶつかりやすい壁■　面倒な関係性の構築を避け、自前主義に陥りがち

　課題やニーズの把握、解決に使えるリソース、解決策のアイデアや実行などにおいて、地域や社会には実に多様な素材があるにも関わらず、自分たちだけで調べ、考え、解決しようとする「自前主義」に陥りがちです。現場のニーズを把握しようとすると現状に不満のある当事者に意見を聴く必要があったり、地域の場所を使うにはオーナーや町会、自治会などの了解を得ないといけなかったりします。しかし、協力や了承を得るには時間がかかり、不満や要求を聞かないといけないとなると、「面倒だな」と避けてしまいがちです。関係性の構築に時間や労力を避けて、自前でできることをしようとなってしまいがちです。

(3) 協働の考え方のシフト

→考え方のシフト→　違いがイノベーションを起こすと理解し、違いを積極的に活かそうとする

　地域づくりでよくいわれる「ヨソモノ、ワカモノ、バカモノが必要」という言葉は、変化を起こす時にどんな人材が必要かを表現したものです。ヨソモノとは外部から来た人であり、客観的な視点から地域のよいところ、課題を見ることができる存在のことです。住み慣れた人は良い

ところも課題も日常的過ぎて自覚しづらいのです。ワカモノとは、地域の重鎮、つまり既存の組織や仕組み、既得権などから自由な存在であり、身軽に自由に動き回れる存在です。既存のものに責任がある立場の人は、その責任ゆえに新しいことに慎重になり、問題意識があっても議論を繰り返すばかりで動けなくなりがちです。バカモノとは、既存のルールや習慣、暗黙の決まり事などに縛られずに発想し、動く存在です。組織の上司全員の許可を得る必要があるという文化の中では、新しいことは始められないでしょう。

　このヨソモノ、ワカモノ、バカモノは、地域づくりだけでなく、ビジネスなどでのイノベーションにおいてもとても大切になります。既存の体制や同質性の中で、慣れ親しんだ進め方で動いていては、新しい発想や変化を生み出すことはできないでしょう。既存と異質なもの、違和感のあることから新しい発想やイノベーションは始まります。

➡考え方のシフト➡　違いを活かし、変化に結びつける推進役＝チェンジ・エージェント機能を自覚する

　新しい発想や考え方を実行するには、いくつかの壁を超える必要があります。新しいこと、慣れていないことは未知の部分が多いため、これまでの経験から自分の意識の中にあるものを高く、外にあるものを低く評価してしまいがちです。さらに、外にあるものを高く評価したとしても、それを取り入れる時間や手間を考え、使い勝手のいい既存のものを選びがちです。この壁は、協働において新しいものを生み出す際の障壁となります。

　その障壁を超えるために必要なのが、変化の推進役（チェンジ・エージェント）です。チェンジ・エージェントは、「なぜ、今、変化しないといけないのか」を共有していきます。「いつか変わる」のではなく、「今、変わる」必要性を伝えていきます。また、変化をどう進めていけばいいのか、何が起きるのか、変化のプロセス全体を理解し、それぞれの段階で必要となる外にある資源を呼び込んでいきます。内部や既存のものと外にあるものを、どう結びつければ効果が出るか話しあうファシリテーションを担い、参加者がより効果的な問題解決を生み出すのを手伝います。これら一つひとつは、偶然や誰かに頼るのではなく、技術として身

第6章　問題解決の推進力を強化する協働【第Ⅱ部】　149

に着けることができることです。それぞれの専門家の力を借りながら、チェンジ・エージェント機能を高めることが、ソーシャル・プロジェクトの成功には不可欠です。

➡考え方のシフト➡ **事務局のチェンジ・エージェント機能を強化し、中間支援組織も活用する**

　協働取組の事務局は、俯瞰的に状況を捉え、成果を見ながら協働プロセスを進めていくチェンジ・エージェントの役割を果たすことが求められます。協働の参加者は、それぞれの立場や専門性があるため、事務局には個々の事情に配慮しながらも、最終的な成果を出すために何をしないといけないのか、現在が成果を生み出すプロセス全体のどの段階にあるのかを考え、それをコミュニケーションしていく必要があります。そして、協働取組のふりかえりなどの場を活かして、個々の「変わるのは負担が大きい」「自分は変わる必要はない」という考えを、「他者から積極的に学び、変わったほうが、協働取組全体にも、自分の成長にもなる」という認識に変わるように促す必要があります。

　また、新しいやり方は古いやり方を否定して始めることが多いのですが、新しいアイデアや進め方をするメンバーが今までを一方的に否定するのではなく、これまでのことを認めながらも、未来の成果に向かって変化するよう促していくのです。

　ただし、事務局だけではチェンジ・エージェント機能を十分に果たせない場合もあります。そのような場合、中間支援組織、コーディネーターなどの外部の専門家と連携する必要があります。

　協働を進めていくと色々な問題が起きますが、その問題を新しい発見や進め方を見直し、変化を起こすチャンスとして捉え直すのが、チェンジ・エージェントの役割です。

（4）このステップで実践・確認すること

✓実践・確認しよう✓ **外部の力を活かして新しいことに取り組む必要性を話しあう**

　既存の否定からの変化は抵抗も強くなります。今までに蓄積してきた

ことをもっと活かすための変化を考える場が必要です。

- [ ] 対象とする問題解決において、これまでの方法では難しく、考え方や進め方に変化が必要なことは何か？
- [ ] パートナーそれぞれの持つネットワークを共有し、有効に活かせていないものは？
- [ ] 地域や当事者がせっかく持っているのに活かしきれていない「もったいないこと」は？
- [ ] 協働取組の企画、ふりかえりなどの機会に、これまでの進め方のどこが課題か、その課題を解決するには外部のどのような組織や人の連携が必要か？
- [ ] 社会・地域、自分、プロジェクトの何を、どう変化させる必要があるのか？

✓実践・確認しよう✓ プロジェクトが成果を生み出すために、どのようなチェンジ・エージェント機能が必要なのか話しあう

　プロジェクトごとに促進すべき変化は違います。より良い成果を出すために、自分たちに必要なチェンジ・エージェント機能は何か、考えましょう。

- [ ] 「協働」において、メンバー間の異質性が運営上の難しさになっている、異質さがメリットにつながっていないのはなぜか？
- [ ] 新しい考え方や進め方に取り組んだり、広げたりすることの何が難しいか、話しあったか？
- [ ] その時、自分たちの事情に引っ張られず、目指す成果は何か、目的は何かを確認することで、視野を広げたか？
- [ ] プロジェクト内部の連携、外部との連携を進めるために、事務局にはどのような役割を果たしてほしいか、話しあったか？
- [ ] プロジェクトの成果を出すために、変革促進、プロセス支援、資源連結、問題解決策提示の4つの視点から、どのような機能が必要か話しあったか？

(5)このステップで実現したいこと

　プロジェクトを進めていく中で、困難な状況が生じた時、目的が曖昧になった時、バラバラになりかけた時に、改めて、「協働」は単独ではできない新しい知恵や進め方を共に創り、それを広げ、定着していくために必要だと確認していきます。

　困難を乗り越えて成果につなげるためには、既存の発想や進め方を超える変化が必要になることを受け容れ、どのような変化が必要なのか、その変化を推進するために、どこを強化し、どのようなチェンジ・エージェントが必要なのか話しあいます。

　協働メンバーがチェンジ・エージェントの大切さを理解し、チェンジ・エージェントをメンバーが積極的に活用・協力し、さらに、新しい発想や進め方がまず協働メンバー内で定着し、それが新しいノウハウとして社会に還元できるような進め方が定着できるようにします。

第7章

成果を生み出し、
定着させる協働

継続力強化と成果の見える化

ステップ10
資金や人材を集め、
継続力を高めよう
——資金や資源をどう集め、どう効果的に運用するのか?

（1）このステップの位置づけ

　長期にわたってプロジェクトを継続していくためには資金や人材が必要です。資金を確保するには、顧客や資金提供者にとって魅力的な価値を提示すると共に、情報公開などガバナンスを進める必要があります。つまり、ただ作業が大変だから補う人を入れるという発想では、人は活きず、定着もしません。成果を出すために必要な人材は何かを考え、その人材にとって魅力的なビジョンや環境を整える必要があります。資金獲得も、人材の確保も、外部から支持・信頼を得るコミュニケーションを行うことが不可欠であり、そのためにマーケティングなどのビジネスの手法を積極的に取り入れ、活用する必要があるのです。

（2）このステップでぶつかりやすい壁

■ぶつかりやすい壁■　**新しい考え方の取組みは資金確保が難しい**

　社会課題を扱う取組みは、新しいことであり、先も見通しづらいため、いくらよい企画であっても理解を得て資金を引き出すのは難しいものです。新しい取組みを支援する補助金や助成金などの制度もありますが、期間が限られており、自分たちのメインとなる活動の運営費の補填という発想で補助金や助成金に頼っていると、資金がなくなると、途端に活動が継続できなくなります。クラウドファンディングも一時期の話であり、継続的な資金確保には向いていません。社会テーマを扱う事業では、対象者への高額な課金は難しいことが多く、どのように立ち上げ、運営の資金を確保するのか、悩んでいる活動が多くあります。

第7章　成果を生み出し、定着させる協働【第Ⅱ部】　155

■ぶつかりやすい壁■　多額の資金提供者からの影響を強く受けてしまいがち

補助金やスポンサーなど大規模な資金提供があった場合、その人や組織がプロジェクトに大きな影響力を持ってしまう場合があります。その場合、プロジェクトの目的がずれてしまったり、資金提供者の意見に引きずられてしまったりします。そして、最終的に請負や委託と変わらない状態になってしまうこともあります。いわゆる「NPOの行政下請け化」も同じ状態で、「協働」においては陥りやすい状況です。

■ぶつかりやすい壁■　人手不足、資金不足の「負のスパイラル」に陥っている

ソーシャル・プロジェクトは高い目標に限られたリソースで取り組むため、基本的に常に人手不足の状態にあります。目の前の人手不足の解消のために安易に人を採用してしまうと、ビジョンや日々の活動の意味を深く共有できず、ミスマッチが起きやすくなります。採用した人がすぐに辞めてしまうと、採用や初期の育成へのコストのリターンを得ることができず、結果的に赤字が拡大してしまいます。それを繰り返していると、人も組織も成長しないままに、資金が目減りし、プロジェクトは発展できません。

(3) 協働の考え方のシフト

→考え方のシフト→　資金には多様なタイプがあり、それぞれの特徴を理解し、目的に応じて獲得する

お金も、人も、本当に何が必要なのか？　を明確にすることが大切です。資金については、目の前でかかっている費用を補うことばかり考えたり、「とりあえずお金が欲しい」と抽象的に考えたりしがちです。資金を必要だと感じたら、「なぜ必要なのか」「今、自分たちに本当に必要な金額はいくらなのか」を具体的に考えてみましょう。来年、3年後、どういう結果を出したいかを考えて計画をつくり、具体的な数字にまで落とし込む必要があります。

また、以下のように、資金には多様な種類があり、それぞれに特徴があるため、特徴を理解し、今、どのような資金が使いやすく、効果が高いのかを考える必要があります。

① 委託……安定した金額が得られるが、契約で縛られ、発注者の意向をくむもの。
② 補助金・助成金……思いへの共感から資金を得られるが、時限的で、用途や意図も制限される。
③ スポンサー……長期的な付きあいも可能だが、スポンサーの考え方の影響を受ける。
④ 出資……確保した資金の自由度は高いが、出資者へのリターンが必須であり、事業全体への出資者の影響も大きくなりやすい。
⑤ 会員制度……単発の寄付よりも継続性はある。メンテナンスが必要で、ランニングコストがかかる。ただ、活動への信頼からお金を託してくれているので、自由度はある。
⑥ サービスや販売による収入……売上金は最も自由に使える。しかし、売るなら本気でやらないと売れない！

　資金調達は一つに限らず、組みあわせることも大切です。資金調達には正解がなく、その団体らしさにあったものを、立ち上げ期、展開期、継続期、などの状況に応じて選択することが望ましいのです。
　また、ある程度は初期コストをかけることも必要です。初期コストとは、例えば、HPをきれいにする、パンフレットをつくる、コミュニケーションのための人材を雇うなどが挙げられます。意外と忘れがちなことですが、お金を集めるためには、まず人手も時間もかけないといけません。

➡考え方のシフト➡　資金提供者も目標達成に向かって共に事業を推進していくパートナー

　活動への共感や支援のための資金提供であっても、資金提供者に何を返すのかが大切です。業務委託の場合は依頼された仕事で成果を出すことがリターンとなりますが、寄付においても資金提供者が期待する成果を生み出すことが提供者へのリターンとなります。つまり、資金提供者

第7章 成果を生み出し、定着させる協働【第Ⅱ部】 157

も同じ目標を目指すパートナーであり、それも一つの協働であるといえます。資金を提供する側と受ける側がどのような関係であっても、あくまでコミュニケーションが大切です。ミッションを共有し、具体的にいつまでに何を達成するか、同じゴールを見るようにしましょう。もちろん、ゴールはビジョンと結びついていることが大切で、ゴール達成によって資金が出るということを忘れてはなりません。

　立ち上げ時は、ミッションに共感を得られれば資金を提供してもらえます。しかし、それは時間も費用も限定的です。継続的に資金を得るには、目標が明確で成果を出していなければなりません。ミッションの実現に向けて確実に結果を出していることが重視されるのです。

➡考え方のシフト➡　協働取組のステージに応じて人事戦略を変える

　資金確保では必要な金額と種類を具体化することが大切ですが、人材採用も全く同じことがいえます。立ち上げ期はとにかくミッションに共感して、一緒に試行錯誤してくれる人が必要です。仕組みがなく、失敗も多いので、タフな人が必要です。ただ、そのような人だけでは発展がありません。立ち上げ時の試行錯誤の経験から、運営基盤となる仕組みを整えると、プロジェクトに関わる人の間口も広くなります。また、仕組みが整うと、必要な人材像も具体化できるようになります。関係者を増やす際も、人を採用する際も、共に目標達成に向かうパートナーとして関係をつくることが大切であり、事前に課題共有や目標達成について話しあい、お互いのことをよく理解することが必要です。

➡考え方のシフト➡　信頼関係の構築の基になるガバナンス

　ガバナンスとは管理体制を指しますが、日本では管理体制＝マネジメントという考え方が浸透しており、ガバナンスの考え方が欠如しがちです。マネジメントでは、お金や時間、人材などを管理してパフォーマンスの向上を目指します。結果を出せば認めてもらえる風土があると、より短期的な目の前の結果を追うマネジメントに偏りがちです。対するガバナンスとは、組織の背景や、立場にふさわしいかなどを鑑みて、組織そのものの存在意義や社会的責任を管理する方法です。具体的には、法令遵守や環境保全、情報公開などが挙げられ、それらは中長期的な利益

を追究するためのものです。資金調達をする上ではこのガバナンスに基づき情報公開を行う必要性があります。

日本人は、「きちんとやっていれば、何もいわなくてもいい」という考え方に陥りがちですが、「きちんと責任を果たしていること」が外部から見てもわかること、つまりアカウンタビリティが重要なのです。例えば、協働取組の活動状況をこまめにブログで報告することで、資金の使い道や成果が明確になり、資金提供者からも信頼を得ることができます。また、問題が起きた時も、その内容を隠さず、原因、経緯、対策を報告することが大切で、良いこと悪いことすべてを隠さず共有しているという信頼を得ることができます。

（4）このステップで実践・確認すること

✓実践・確認しよう✓ 　**現在とこれからの組織で必要な資金と人材を明確にする**

資金も人材も、「今、足りないこと」に目がいきがちです。将来、何を行うために、今、いくらのお金が、どんな人が必要か、具体的に考え、資金と人材の確保の戦略を立てましょう。

- □ 現在、プロジェクトの資金や人材が、なぜ不足しているのか、原因を多面的に考えてみたか？
- □ 今、資金や人材を得ることができたら、3年後に、どのような状況を達成したいか？　それを達成するために、必要なことは何か？
- □ 将来の良い状況を生み出すために、今年、来年にしないといけないことは何か？
- □ 必要な資金や人を自前で確保するのではなく、外部にあるものを活かすことでカバーできないか？（例：場所を得るには場所代がかかるが、他団体と協力して既存のものを安く使えないか？）
- □ 今、自分たちに本当に必要な金額や人を具体的に描けているか？

第7章 成果を生み出し、定着させる協働【第Ⅱ部】 159

✓実践・確認しよう✓ **資金と人材を確保するための具体的な戦略と行動を進める**

資金も人も内部の準備を整え、外部とのコミュニケーションを充実しなければ確保できません。確保のための戦略と行動を具体化しましょう。

- ☐ プロジェクトの資金計画、組織づくり計画を具体的に立案しているか？
- ☐ 資金提供者や新しい人材と分かちあいたいこと、得たい共感を具体化できているか？
- ☐ 資金提供者へのリターン、新しい人材への報酬を具体化できているか？
- ☐ プロジェクトの魅力や可能性を、ホームページなどで外部の人にしっかり伝えているか？
- ☐ 資金提供者との関係づくりのために必要な体制、組織化、情報発信、ガバナンスの仕組みを整えているか？

（5）このステップで実現したいこと

多様な資金確保の形と特徴を理解し、目的に応じた資金獲得をしていくことができている状態を目指しましょう。その際に、資金提供者も目標達成に向かって共に事業を推進していくパートナー、という意識を分かちあえるように、コミュニケーションがとれていることが望ましいです。さらに、継続的に資金を提供してもらうためにも、情報公開などガバナンスに基づき信頼関係を構築していくことができているかどうか、また、機械的に目標を達成して終わりではなく、ゴールの達成度をベースに話しあいができると良いです。そうすると、資金提供者と良好な関係を結ぶことができます。

ステップ11
「協働」の活動結果（アウトプット）と成果（アウトカム）を評価しよう
——どのように成果を捉え、次の一歩につなげていけばいいのか?

(1) このステップの位置づけ

　社会的課題の解決を目的とする協働を効果的に行うには、活動への参加者数や満足度などの直接的な結果（アウトプット）だけでなく、活動が関わった人たちにどのような影響を与えたのかという成果（アウトカム）、さらには中長期的に地域、社会に与えた影響（社会的インパクト）まで考える必要があります。活動をしていると、目の前の結果で成功かどうかを判断しがちですが、活動の効果が時間的に遅れ、空間的な広がりがある中で生じることもあるため、意識して把握する必要があるのです。

　成果というと報告書のためにまとめるものというイメージもありますが、日々の活動を評価するために、「社会的インパクト」を活かす発想と手法が必要になります。

(2) このステップでぶつかりやすい壁

■ぶつかりやすい壁■　**活動やイベントが盛り上がっているのに、成果が出ていない**

「活動をがんばり、いいことをしているのに成果が出ない」という時、目の前の結果を重視し、本当の目的を忘れてしまうことが多くあります。例えば、商店街の活性化事業で、タレントなどでイベントを盛り上げ、たくさんの人が来て、イベントとして成功しても、商店街の状況は変わらないといったことがあります。活動やイベントの評価を、規模や人数など目に見える数字、アンケートによる満足度などの数値で行うことに

第7章　成果を生み出し、定着させる協働【第Ⅱ部】　　161

よって、アウトプット重視に走ってしまいがちです。

■ぶつかりやすい壁■　波及効果を把握していない、把握しようとしても見えない

　協働取組の直接的な活動結果はその場で判断できるのですが、波及効果は時間的に遅れ、別の場で起きるので把握していない場合が少なくありません。例えば、地域の起業講座を行って、講座の満足度を把握しても、その後、実際に起業したかまでは把握していない場合が多くあります。また、もしかしたら講座をきっかけに別の地域で起業したり、3年後に起業したりしているかもしれません。その場合、時間的な遅れや空間的な広がりの中で起きていることを把握する仕組みや体制がないと、波及効果は把握できません。

■ぶつかりやすい壁■　結果、成果を結び付けた活動ができていない

　単年度内の結果で事業を評価しようとすると、本来的な成果や社会的インパクトよりも、「期間内に結果が出ること」を重視した事業を行ってしまいがちです。また、中長期的な視点から事業を行おうとしているのに、「単年度での成果がない」と評価されず、中断してしまうこともあります。一方で、長期的なビジョンを掲げて、「目の前の結果が出なくても仕方がない」と主張することで、活動が効果的に進んでいないことから目を背けてしまっていることもあります。いずれも、活動と短期的な活動結果、中長期的な成果や社会的インパクトを結び付けることができていないことが共通しています。

(3) 協働の考え方のシフト

→考え方のシフト→　協働取組の成果をアウトプット、アウトカムに分けて明確にする

　社会課題に取り組む活動を行う際、参加者数などの活動の直接的な結果だけでなく、その後、どのような新しい動きにつながったか、それがどう人々の生活や行動を変えていったのかまでを意識することが大切です。活動が本来の目的の達成にどのようにつながっているのか、論理的

に整理するために、「ロジックモデル」というフレームワークがあります。ロジックモデルでは、活動の流れを次のように整理します。

インプット → 活動 → アウトプット（活動結果）
　　　　　　　　→ アウトカム（成果）→ 社会的インパクト

　インプットは、人、物、資金、ノウハウなどの資源の何をどのように活用したのかの把握です。アウトプットは、活動の直接の結果であり、参加者数、制作物、満足度などであり、アウトカムは、活動に関わった人や活動をきっかけに始まったことなどの成果を示します。さらに、インパクトは、行動などの変化により、問題がどれだけ解決したのかを考えます。

　例えば、子育ての悩みを話しあうサロン活動を行ったとします。サロンへの参加者数、そこでの話しあいで出された意見、参加者の満足度、報告書などはアウトプットです。サロンで知りあったご近所の人同士が、その後、新しいグループを立ち上げたならば、それはサロンのアウトカムです。そして、地域の親の子育てストレスが減少したなら、それがインパクトとなります。

「活動の成果」という時、アウトプット、アウトカム、インパクトが混在していることが多くあります。この３つを分けて考えることで、活動の意味を明確にしやすくなります。

　(→考え方のシフト→)　**アウトプット偏重を乗り越え、アウトカム、インパクトから活動を評価する**

　参加者数などのアウトプットは活動の現場や実施者が把握しやすいのですが、その後の活動などのアウトカム、地域の課題解決などのインパクトは、時間的に遅れて生じ、しかも活動の場所自体で起きるものではありません。そのため、これまでは参加者数やアンケートでの満足度などアウトプットの把握は重視されてきましたが、参加者が地域でどうしているか、どのように生活が変わったかなど、数年にわたってアウトカムやインパクトを追跡できている事業はごく少数です。このような状況では、アウトプット偏重に陥りがちです。

第7章　成果を生み出し、定着させる協働【第Ⅱ部】　　163

　先に例として挙げた、子育ての悩みを話しあうサロン事業で、参加者数の多さやその場の満足度というアウトプットを重視するあまり、有名なゲストを呼んだり、プレゼントなどを配ったりすると、多数の人が集まり、満足度は高くなるでしょう。しかし、有名人やプレゼント目当ての人が集まっては、本来の目的である「悩み事を安心して丁寧に話しあえる場」というアウトカムにはつながりにくいのです。

　アウトプット偏重にならないようにするには、アウトカムとして生み出したい状況を具体的に描く必要があります。例えば、子育てサロンは「参加者が他ではいえない悩み事を話しあい、聴きあえる」ことがアウトカムです。それには、「ここなら安心して話せる」「私のことをわかってもらえる」という感想を持ってもらう必要があります。そう考えると、サロンで必要なアウトプットは、ただの人数ではなく、「安心して話せたという感想」となります。このようにアウトカムを考え、そこから必要なアウトプット、それを生むための活動というように逆算して考える必要があります。

　活動をアウトプットだけでなく、アウトカムやインパクトから評価することで、本来の目的の達成に近づいているのか把握することができます。もし、アウトプットは良くても、アウトカムやインパクトの結果が出ていないならば、活動の内容や評価の重点の置き方を変える必要があるのです。

┃➡考え方のシフト➡┃ アウトカム、インパクトを使ってステークホルダーとのコミュニケーションを深める

　アウトカムやインパクトを把握しようとすると時間も手間もかかります。そこまでして把握するのが大切なのは、これが活動の推進力を高めるのに大きく役立つからです。

　例えば、資金を集めるために活動紹介をする際、「これだけの参加者がいました。来た人は満足しています」とアウトプットだけ説明するのと、「活動の結果、地域に活動がどんどん生まれ、困っている人が半分に減ったのです」とアウトカムやインパクトを説明するのとでは、後者のほうがより高い信頼を得て、より大きな資金を得ることができるでしょう。資金だけではなく、活動の賛同者や協力者を得る際にも、アウト

カムやインパクトを用いて活動の方向性を伝えたほうが、より質の高い連携を行いやすくなります。また、活動をしていると、目の前のことに注力して何のためにやっているのか見失うことがあります。そのため、活動の中でアウトカムやインパクトを考え、活動の意味を再確認することで、関係者のモチベーションも高まるでしょう。このようにアウトカムやインパクトを意識してコミュニケーションをすることは、活動に意味をもたらし、そこに人や資金が集まるきっかけになるのです。

(4)このステップで実践・確認すること

✓実践・確認しよう✓ 　「協働」のアウトカム、社会的インパクトを明確にする

　活動がアウトプット重視にならないように、アウトカムやインパクトについて外部の専門家も交えて話しあう機会をつくっていきましょう。

- ☐ プロジェクトが成功しているといえるのは、どのようなアウトカムを生み出した時か、明確にできているか？
- ☐ プロジェクトのアウトカムは、どのような地域や社会の変化（インパクト）につながるか、説明ができるか？
- ☐ アウトカムから逆算して、アウトプット、活動に必要なことを考えているか？
- ☐ プロジェクトをロジックモデルで説明できているか？
- ☐ アウトカムやインパクトの測定方法を定めているか？ それがプロジェクトのKPIとして共有されているか？
- ☐ プロジェクトの活動内容を話しあう時に、「社会的インパクトを高めるために、活動のどこを、どう強化するとよいか」を重視して議論しているか？

✓実践・確認しよう✓ 　ソーシャル・プロジェクトの社会的インパクトを意識した報告書を作成する

　プロジェクトの報告書に社会的インパクトを記述することで、成果を整理する機会としましょう。

第7章　成果を生み出し、定着させる協働【第Ⅱ部】　　165

- ☐ 協働相手や利害関係者から得たい信頼は、どのようなことか？
- ☐ 関係者に対して説明責任を果たすために何を伝える必要があるか？
- ☐ 「協働」の意義を伝える数値、エピソードは何か？
- ☐ ソーシャル・プロジェクトの社会的インパクトをどう伝えるとよいか？
- ☐ 報告書をどのように発表し、どう活用するか、コミュニケーション戦略はできているか？

（5）このステップで実現したいこと

「協働」の取組みを、アウトプットだけではなく、アウトカムをイメージして展開することで、成果志向の活動を行うことができます。アウトカムを意識することを通して、協働相手との活動の意義や、「協働」のベクトルを一致させやすくできます。

　そのメリットを理解することで、アウトカムやインパクトを評価し、継続する仕組みを整えることができるようになります。さらに、それらを定期的に評価することで視野も広がり、自分たちのやっていることが何につながっているかを理解することで活動の意味を見出しやすくなります。また、大変な時にも、活動の意味を理解し、やり続けるための力も湧きます。さらに、アウトカムやインパクトについてコミュニケーションを深めることで、協力者や資金も集めやすくなります。その結果、活動の成果も継続力も高まっていくでしょう。

ステップ12
政策や制度として 社会に定着させよう
——自分たちの限界を超えるには、誰と、どのように進めていく必要があるのか?

(1)このステップの位置づけ

これまで「協働」を推進し、その取組みの成果を評価する段階までステップを登ってきました。一見、これで「協働」は完了したかのように思えるでしょう。しかし、「協働」そもそもの目的は、社会課題の解決です。「協働」に関わる人たちが自ら問題を解決し、社会全体の結合的ケイパビリティが高まることこそが、本来の目的なのです。

「協働」の取組みは、今までにない新しい取組みであることが多く、そういった新しい取組みが既存の社会に導入され、定着してこそ、恒常的に問題対応できるようになります。例えば、自治体や企業の制度として取り入れられるなど、「協働」で取組んできたことが政策化や制度化されることによって、生み出された変化を地域や企業、社会に根付かせることができます。政策化、制度化のためには、ソーシャルキャンペーンによって幅広い人たちに呼びかけること、政策や制度の企画、実行するキーパーソンとの関係づくりが必要になってきます。このステップでは、自分たちの限界を超えて、社会全体で課題を解決していくためにはどのようなアクションを起こせばよいのかについて考えます。

(2)このステップでぶつかりやすい壁

■ぶつかりやすい壁■ **新しい取組みやアイデアが既存の構造の人や組織に受け入れられない**

新しい取組みが良いことだといくら説得したとしても、聴き手の政府や自治体、企業が、何かしらの自分たちにとっての意味やメリットを感

じないと賛同してもらえません。新しい取組みがすぐに周りに理解されることは稀で、その結果、取組みの良さを理解しあえる仲間内だけでのコミュニケーションに偏り、内向きのコミュニティに陥ってしまうことがあります。

さらに、「新しいこと」は、いくら「良いこと」であっても、既存のものとの相性が悪いことが多くあります。また、既存との矛盾が生じることが多くあります。だからこそ、受け容れられにくいのです。「良いことだから、やりましょう！」の一点張りをしたり、既存にある取組みや制度を否定してしまい、なおさら賛同を得られにくい状況を起こしがちです。

■ぶつかりやすい壁■　専門知識の不足や制度化までの長い時間などがハードルとなる

法律・条例、施策・制度をどのように設計すればいいか、慣れていない人がほとんどです。自治体の条例や政府の政策に反映しようとしたり、企業の制度に導入しようとしたりすると、法律や既存の制度に関する知識が必要になってきます。メンバーに専門家がいなかったり、既存の専門家に依頼しても協力を得られなかったりすると、行き詰まってしまうことがあります。

また、社会課題のような"複雑な問題"の解決については、問題が起きた時、やり始めた時には夢中になっても、すぐに結果も出づらく、またうまくいかないことが多いので、2、3年経って新しいテーマが出てくると関心が移ってしまうこともあります。制度化には時間がかかりますが、長時間、同じ熱意で取り組み続けるのは難しいものです。

(3) 協働の考え方のシフト

→考え方のシフト→　「自分だけの取組み」から、「みんなの取組み」になってこそ課題解決につながる

「協働」の新しい取組みを多くの人に受け容れてもらうためには、「自分だけの取組み」から「みんなの取組み」にシフトする必要があります。そのためには、取組みをパブリックにしていくことが鍵となります。パ

ブリックとは、公に見えるものであり、自分たちの取組みが誰からも見える状況をつくることです。しかし、パブリック化することで、考え方があわない人とのコミュニケーションがどうしても発生してきます。パブリック化を広く進めていく中で、そうした考え方のあわない人ともコミュニケーションをとり、より保守的な人からも合意をとっていく必要が出てきます。

　その時、大切なのは誰と組めばスムーズに進みやすいのか、そして話をする人の順番を見極めることです。自分たちの取組みや考え方をいきなり上層部やキーパーソンに伝えるのではなく、相対的に理解してくれそうな人から攻めていくとうまくいきやすいのです。まず、キーパーソンと自分の間に立ってくれる人をつくることです。キーパーソン側にいるけれど、自分のことを理解してくれる人、そして取組みにきちんと共感してくれる人を選び、その人からキーパーソンに伝えてもらうことで、話を通しやすくなります。

➡考え方のシフト➡ 小さな実績の積み重ねから、既存の構造の人たちとも関係をつくっていく

　取組みの制度化を進めるといっても、いきなり条例や組織内制度をつくることは、ほぼ不可能です。そこで、まずは問題に対する検討委員会や勉強会を立ち上げることから始めてみましょう。委員会には大学の教員など有識者の他に、行政や企業で既存の取組みを行っている人たちにも参加してもらい、お互いの考えを伝え、相手の立場や状況を理解しあえるコミュニケーションの場を持ちましょう。まずはコミュニケーションがとれる関係づくりが、制度化の第一歩です。

　そして、お互いの考えを理解しあえたら、次にモデル事業づくりに取り組みましょう。実現しやすいことからテスト的に小さな実績を出していけば、少しずつ認めてもらうことができます。まずは前例づくりを通して、既存の考え方の人にモデル事業に関わってもらい、良いことだと認めてもらうこと、そして周りにも良いことだと広めてもらうことがとても重要なのです。いきなりすべてを認めてもらおうとせず、小さなことから少しずつ認めてもらいましょう。既存の構造にうまく溶け込むことが、制度化には回り道に見えても、結果的に近道となるのです。「迂

を以って直と為す」です。

➡考え方のシフト➡ 「「協働」の社会化に向けて、共通用語の構築が不可欠」と考える

制度化の壁を乗り越えるためには2つの支持が重要です。一つは既存の担い手や意思決定者からの支持、そして、二つ目は幅広い人々からの支持を得ることです。その取組みを望む人が多ければ、必然的にその取組みは社会に必要だと認識されやすくなります。そのために、新しい取組みを市民や顧客にも伝播するソーシャルキャンペーンを展開していきましょう。

ソーシャルキャンペーンには様々な手法があり、イベントの開催やグッズ配布などがよく行われています。数多くの人からの支持を集めるという意味では、署名を集める手法も古くから行われています。みんなで同じ色やマークを身に着けることによって賛同者が見える化できると、支持も広がりやすくなります。

ソーシャルキャンペーンの注意点は、「私たちのしていることの正しさをわかって！」と押し付けになってしまわないことです。そうではなく、相手の考え方に立って、それをキャッチコピーの言葉にすることで、多くの人に「私もそう思っていた！」と思ってもらえたら、成功する可能性は高くなります。

➡考え方のシフト➡ 多様な専門・経験を有する人と連携し、チームをつくる

制度にしてもソーシャルキャンペーンにしても、必ずその道の専門家が存在します。「協働」に取り組む人たちは、つい、すべてを自分たちでやってしまおうとします。しかし、既存の構造づくりや政策づくりに長けている人、もしくはキャンペーンであれば広告代理店の人などをうまく見つけて組むことが成功への近道なのです。既存の組織の人々を説得する上でも専門家の意見があれば説得力が増します。日本ではセクターを超えて、職種を移動する人はほとんどいません。例えば、NPOに所属していた人が大企業に勤めたり、国家公務員だった人が企業に勤めたりということは滅多にありません。ですから、自分と違うセクターに

知りあいがいない人がほとんどです。しかし、民間で事業を行っている時に行政との仕事経験が豊富だった人や、広告代理店などで PR が得意な人など、専門家を仲間に入れることは非常に重要です。

➡考え方のシフト➡ 「「学びの要素」を活かすことが、「協働」の効果と継続性を高める」と考える

　仲間を増やし、継続的に「協働」を行うことは、「実践の共同体」をつくると同時に「学習共同体」をつくることでもあります。ソーシャルキャンペーンなどで、「そうそう！」と共感した人たちがすぐに離れてしまわないようにするには、学びの要素が重要になってきます。共感した人たちが、「キャンペーンによって新しい事実を知れた、学べた」という体験をできれば、続けて加わってみようと思い始めます。

　一方で、既存の構造から支持を得る場合にも、学びの要素は生きてきます。折衝を行う際にも、結局のところ、こちらが知っている新しい考え方を相手にも習得してもらう必要があります。相手に自分たちや取組みに興味を持ってもらい、相手から質問してもらってコミュニケーションを深めることで、相手の納得度も上がっていきます。言葉だけでなく一緒に体験してもらうことは特に重要です。現場に来てもらい、取組みを肌で感じることで理屈だけではわからない取組みの良さを理解してもらいやすくなります。そうした関係性づくりによって、新しい人を紹介してくれたり、制度化のヒントをもらえたりするようになります。既存の構造側の人も、「何か学べること」が参加の動機になりやすいのです。

(4)実践方法のシフト

✓実践・確認しよう✓ 社会課題の解決のために、「協働」の成果を活かし展開する

　協働取組で生まれた成果は、社会各地に根付いてこそ問題解決につながります。何を残し、広げることができるかを考えましょう。

　　□　社会課題の解決に向けて、自分たちの「協働」が果たせる役割、
　　　　自分たちだけでは実現できないことは何か？

第7章　成果を生み出し、定着させる協働【第Ⅱ部】　　171

- [ ] 社会課題解決につなげるために、どのような主体が、どのように動くための、どのような基盤が必要になるのか？
- [ ] 「協働」で実現したいこと、取り組んでいる内容に関連する既存の政策や制度を調べているか？
- [ ] 社会課題の解決に向けて、どのような制度が必要なのか？
- [ ] 制度を実現するには、誰が、どのように考える必要があるのか？どのようなムーブメントが必要になるのか？

✓実践・確認しよう✓　幅広い人に伝えるソーシャルキャンペーンを設計する

　成果を社会に広げるには、多くの人に関心を持ってもらう必要があります。楽しさや驚きのある伝え方をして、幅広い人たちに伝わるキャンペーンを展開しましょう。

- [ ] 社会課題の解決のためには、課題や新しい考え方、進め方について何が伝わる必要があるのか？
- [ ] 人々が社会課題、新しい考え方、進め方について関心が低い、十分に理解できていないのは、どうしてなのか？
- [ ] 社会課題、新しい考え方、進め方に関心を持ってほしい人は誰なのか？　その人たちには、誰のどんな動きから影響を受けているのか？
- [ ] 第一歩、これだけは気付いてほしいことは何なのか？
- [ ] 類似のテーマや手法の既存のキャンペーン、PR活動を調べているか？
- [ ] キャンペーンは誰に対して、どのようなメッセージを伝えるものなのか？
- [ ] そのメッセージが伝わるために、どのような工夫が必要なのか？

✓実践・確認しよう✓　「協働」の取組みを政策化、制度化する

　協働によって社会システムがシフトしたというのは、政府、自治体、企業、地域社会の中に、新しい取組みが「普通の制度」として根付いている状況です。その実現にはプロジェクト外の多様な主体との関係づく

りや連携が鍵となります。

- □ 「協働」で実現したいことが地域・社会に定着し、多様な主体において実行されるには、どのような政策や制度があればいいか、考えているか？
- □ 政府・自治体において政策、制度とするには、どのような目的、意味が必要なのか？
- □ 政府・自治体において政策、制度とするには、誰に、どのように働きかける必要があるのか？
- □ 企業において制度化するには、誰に、どのように働きかける必要があるのか？

（5）このステップで実現したいこと

　冒頭でもお話したように、協働による社会課題解決とは、社会全体の対応力を高め、結合的ケイパビリティを高めることです。それは、多くの人が、その問題を大切だと捉え、当事者意識を持ち、解決策を共有することができている状態を意味しています。その時、大切になってくるのは、自分たちの活動や協働取組が社会に良いことをするのではなく、社会に関わる様々な人たち、どちらかといえば少し前まで自分たちと敵対していた反対派の人たちが問題の大切さに気付き、協働取組に乗ってくれている状況、それが成功なのです。そうして、自分たちの目的や短期利益を超えて、より幅広い人たちが動けるような基盤づくりのイメージを固めることで、幅広い人たちに新しい概念が伝わるソーシャルキャンペーンを実行できます。そして、行政、企業のキーパーソンと関係をつくり、政策、制度化を推進できるのです。最終的には、自分たちの取組みは新しいものではなくなり、条例や制度として社会に組み込まれ、当たり前に行われている状況が協働のゴールの一つのカタチなのです。

【コラム】環境分野の協働推進の取組み紹介

（一般社団法人コクリエーションデザイン　代表理事　平田裕之）

（1）「環境保全からの政策協働ガイド」

協働を通して政策づくりを進めるヒントとなるのが、冊子「環境保全からの政策協働ガイド」（発行：地球環境パートナーシッププラザ（GEOC））だ。これは、2013年から環境省が実施した協働取組加速化事業の知見をまとめたものである。この事業で5年間に採択された49事業は、136の条例や自治体の計画などに関与してきた。それは地域の環境課題からスタートしつつも、環境課題を越えた地域の様々な課題にも影響を与える取組みとなったからだ。

協働という言葉が地方自治体で使われ始めてからおよそ20年がたった。言葉だけの協働ではなく、目標を共有し、お互いの強みを活かした内容を伴った協働取組にするにはどうすればいいのか、協働の難しさの解明や構造について、ふたつの共通する問題点が見えてきた。1つめはコミュニケーションの不足である。関係者の強みや制約条件などをお互いに理解し、信頼関係をつくっていくプロセスが大切になる。2つめは地域の課題は関わる人の立場によって異なって見えることがあるため、目標が関係者の間で共有されていないことである。

協働に共通する課題に対し、3つの対策も提示している。まず、政策協働を開かれたものとし、自治体やNPOらが政策の形成段階から実施、評価、改善のプロセスの意思疎通や情報交流を積極的に行うこと。2つめが地域の多様な関係者と対話するマルチステークホルダープロセスで「地域全体の目標」を地域の多様な専門家をつないでつくること。3つめが停滞した状況に変化をもたらすチェンジ・エージェント機能の強化だ。ガイドでは、この3つについて事例を交えて紹介している。（冊子はGEOCホームページにPDFで掲載）

（2）環境パートナーシップ研修

環境省環境調査研修所（埼玉県所沢市）では、毎年全国から約60名の若手行政職員を集めて環境パートナーシップ研修を実施している。研修の特徴は、脱温暖化社会や循環型社会の構築など環境分野の掲げる目標実現のために、環境部局の担当職員の目指すべき姿と、地域の協働を進めるコーディネーター像を明確にしている点だ。地域の協働において行政職員の役割は大きく、協働を進める技量を身に着け、協働の好循環に寄与することが期待されている。

【補遺1】SDGsをヒントに社会課題を知る

　社会課題解決やソーシャル・プロジェクトに取り組む時、何から始めようか、どこに重点を置こうか迷ったら、SDGsをきっかけに、今の社会で起きている課題や取組み事例を調べてみましょう。

　SDGsの17の目標の基にあるのが、169のターゲットです。ターゲットは世界で起きている問題を169に整理したもので、全体像を把握するのに役立ちます。169のターゲットは「国際連合広報センター」の「2030アジェンダ」のページなどから英語、日本語（外務省仮訳）で読むことができます。

　SDGsの扱う課題の日本国内の状況を知りたい時のヒントになるのが、サステナビリティCSOフォーラム（http://sus-cso.com/）が発行している「パートナーシップでつくる私たちの世界」という冊子です。SDGsの17の目標について世界と日本の状況、事例をコンパクトにまとめています。内容はPDFで公開されていて、手軽に読むことができます。

　また、問題解決に取り組む事例から、今の社会で起きている課題を知ることもできます。「グローバル・コンパクト・ネットワーク・ジャパン」（http://ungcjn.org/）のページでは日本企業の事例紹介、「持続可能な世界実現のためのお役立ちシリーズ」として国内外レポートがまとまっており、ヒントになります。国連グローバル・コンパクト（UNGC）は、企業を中心とした様々な団体が、持続可能な成長の実現に向けた世界的な枠組み作りに自発的に参加しているイニシアティブであり、日本企業も多数参加しています。

　日本の社会起業家等の取組みを知ることができるのが、NPO法人ETIC.の「社会課題解決中MAP」「SDGs取組中MAP」（https://2020.etic.or.jp/）です。登録されている各団体は、取り組むテーマとして複数の課題やSDGs目標を掲げています。現場で実践することで、問題の多面性に気付いていることがわかります。

　社会課題や事例を知り、興味を持ったら、ぜひ現場に訪れ、現場で取り組む人と話してみてください。その過程の中で、問題解決にコミットしたい課題に出会った時が、ソーシャル・プロジェクトの始まる時となるでしょう。

補遺　175

【補遺2】協働プロセスの実践事例

環境省 地域活性化に向けた協働取組の加速化事業

　地域における課題解決や地域活性化を進めるために、異なる主体が適切な役割分担をしつつ対等な立場で協力して行う協働取組を支援する事業です。採択された地域事業の支援を通して先導的事例を形成し、ノウハウを全国的に普及・共有する事業を実施しています。

　この事業の特徴は、地域における民間団体、企業、教育機関、地方公共団体等の異なる主体による協働取組を支援するに止まらず、協働での取組みを加速化していく上での過程や様々な手法及び留意事項等を明らかにして、今後、協働を行おうとする者の参考資料として共有していることにあります。そのために、各地の現場を支援する「地方支援事務局」と全国の事業を網羅的に把握し、地方支援事務局に助言を行う「全国支援事務局」の2層による体制で取り組んでいます。

　全国支援事務局の取組みとして、全国で採択された協働事業の実施者が集まり、毎年度末の「環境×協働：どんなみらい」協働ギャザリングを開催しています。各事業実施者から取組みの報告と、その取組みへの地方支援事務局による中間支援プロセスを報告します。それに対して「プロジェクト・マネジメント」と「協働ガバナンス」の評価を参加者が相互に行います。プラス面の評価と改善点・提案の2項目においてコメントを書き、各取組みを紹介するパネルに添付していくのです。ギャザリングを通して、自身の事業に多様な視点から評価を得ると共に、相互に学びあう社会的学習の機能により、協働取組の協働を実施しています。

　さらに、取組内容をまとめた報告書に加え、環境パートナーシップ事例集、選ばれた事例を協働ガバナンスの視点から深く分析し、今後の取組みに活かせるノウハウとしてまとめた「協働ハンドブック」を制作しています。

　これらのレポートは、環境分野に限らず、ソーシャル・プロジェクトの立ち上げ、参加者間の関係づくり、運営、課題とその改善などの実務を学べるものとなっています。レポートは、地球環境パートナーシッププラザの WEB サイトから閲覧ができます。

▶ http://www.geoc.jp/information/report/

文京ソーシャルイノベーション・プラットフォーム
（文京区新たな公共プロジェクト）

　2013 年度から 2016 年度にかけて、文京区とエンパブリック社の協働によって実施した「文京区新たな公共プロジェクト」は、地域課題を自ら解決する住民主体のプロジェクトの立ち上げと継続力向上を目的として行われ、4 年間で 60 以上の地域課題解決の事業・活動を生み出しました。

　特徴は、対話から始まるステージアップのプロセスを整備したことにあります。地域に住む人、通う人には、地域に関わりたい気持ちがあっても、参加できていない人が多くいます。その人たちの中には、地域課題を解決するために必要な知恵も力も眠っているのですが、地域に関わっていない人に地域課題の解決に参画するよう呼び掛けても、参加しづらいものです。そこで、区民の関心が高いテーマを様々に設定した対話の場を事務局が継続的に開催し、区民が自分の興味があるものに参加できるようにしました。そこで地域の人や活動を知り、参加者同士で地域の課題の発見や理解を深めていくことを通して、地域への関心を高めていきました。そこから、自分の考えをまとめ、活動を企画し、区民に呼び掛けるまでを行うアクション・ラーニング講座、活動実践を通して、地域の中で人と人が出会い、つながり、お互いから学んでいくことで、地域課題や深いニーズと自分のできることに気付き、地域の人の力を借りて共に継続できる仕組み・事業を生み出していきました。

　地域には課題を持っている人、思いのある人、技術のある人、場所を持つ人、ネットワークのある人など様々な人という資源があります。自治体、企業、既存の NPO などの機関も多数あります。対話から始まるプログラムは、区民自らがそれらを結び付け、活動の力としていくソーシャル・プロジェクトのプロセスと技法を、体験によって身に着けていく過程となっていました。

　文京区とエンパブリック社の協働は 2017 年 3 月に終了しましたが、専門家による支援の機能は文京区社会福祉協議会が運営する地域連携ステーション「フミコム」に、活動者の相互支援は本事業から生まれたプロジェクトを中心に約 40 の団体が参画するネットワーク「文京まちたいわ」という 2 つの仕組みに引き継がれ、定着しました。

補遺

　下図は、成果検証会議において、上記のプロセスをまとめた際に、個人的な活動を行っていた人が、自分の興味から始まり、対話を通し、仲間と出会い、視点を深めることによって、地域課題解決の担い手へと進んでいく学びのプロセスを、ループ図としてまとめたものです。
　この取組み、報告書は、文京区新たな公共プロジェクトのページで読むことができます。

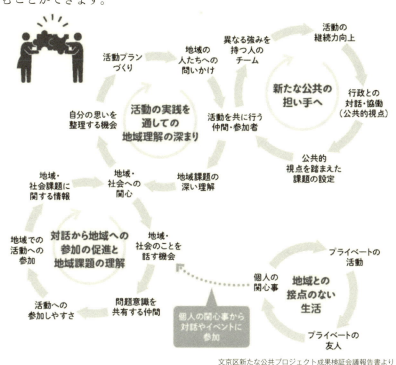

文京区新たな公共プロジェクト成果検証会議報告書より

【補遺3】ソーシャル・プロジェクトが各セクターに必要な理由

（1）政府・自治体

　これまで官民連携としての「協働」が実施されてきました。官民連携は、民間の経営手法を公的部門に応用し、公的部門の運営の合理化を図る「New Public Management（NPM）」を目的として実施されることが多くありました。NPM は、民営化や市場化テスト、アウトソーシングの促進、官民連携推進などにより、行政組織の効果的・効率的な運営を目指すものです。問題が明確で対応策も確立している問題であれば、アウトソーシングの発想で民間への委託ができました。「協働」という名目で、実質は外部委託や補助事業になっている事例も数多く見られます。

　しかし、今日では、従来よりも "複雑な問題" に向きあう必要性が高まっています。自治体の複数部署、多様な専門家、課題の現場にいる地域住民等、様々な経験のある方たちが知恵を持ち寄り、表面化した課題の背景にある構造や人々の考え方にまで視野を広げて、解決方法のアイデアを出しあい、"真の課題と解決のあり方を模索していくプロセス"がますます大切になります。しかも、これから財政状況がますます厳しくなる中で、施策に使える予算も、地域の課題解決に向けて NPO 等に外部委託をしてきた資金も脆弱になってきています。このような状況下では、従来の政策オプション（法律・条例、計画策定、規制、補助金などの経済的支援、情報発信、社会教育・講座実施など）に止まらず、政府・自治体の職員が積極的に地域の現場に出ていき、多様な主体との協働による地域課題の解決（本書でいう、ソーシャル・プロジェクトにおけるコレクティブな協働）に参画する必要性が高まっています。

　これまでの協働は、行政の枠組みを市民が補完するための「市民参加」の視点が強かったのですが、これからの時代は、行政が社会・地域の現場に参加し、何をすべきか考え、行政自体のあり方も柔軟に変化させていく「行政参加」の場面が増えていくでしょう。その時に、本書で紹介した「コレクティブな協働」の発想や進め方の技術は、行政職員にとっ

て不可欠だと思われます。

（2）企業

　経済のグローバル化が本格的に進んだ現代では、国内と国外を分けて考えることはできません。さらに、環境や社会の問題に経済が大きな影響を与えることから、20世紀には自然資源や産業・生活廃棄物、調達先の人権問題など企業活動や生活から「外部化」し、自らの責任範囲外のものとしてきた領域のことも、自社に責任が問われ、「内部化」していかなければならない時代に入っています。自社内だけで社会責任を果たすだけでなく、生産・調達や消費も加えた企業のサプライチェーン全体として持続的な経営に取り組む必要性が高まっています。このような「外部のない」グローバリゼーションの時代に、企業は多様なステークホルダーとの関係を重視した"複雑な問題"に取り組んでいく必要性が高まっています。

　その流れが不可逆な流れとして国際的に認識されたのは、2015年に合意されたパリ協定とSDGsです。1999年に提示された国連グローバルコンパクト（人権の保護、不当な労働の排除、環境への対応、そして腐敗の防止に関わる10の原則）や、それに続くESG（環境、社会責任、企業統治）投資等によって、企業は利益だけでなく、多角的・長期的に評価されるようになってきていましたが、社会貢献の意味あいが強いとされていました。しかし、2015年以降、環境・経済・社会・文化といった様々な側面に配慮し、分野・領域を超えた連携・協働なしには達成できない課題に取り組むことが、ビジネスの前提条件となり、企業活動そのものが問い直される状況になっています。

　日本においては、高度経済成長など20世紀の成功体験が企業体質・文化の変容を難しくさせている面もあります。しかし、世界の大きな流れの中で、2017年には日本経済団体連合会が「企業行動憲章」の改定版を発表しました。持続可能な社会の実現が企業の発展の基盤であることの認識、広く社会に有用で新たな付加価値および雇用の創造、ESGに配慮した経営の推進による社会的責任への取組みを進める点が強調されています。

このように、グローバル化時代の2つの基本問題とされる環境問題と貧困・社会的排除問題の同時的解決に積極的に関与することが求められる時代に、企業がソーシャル・プロジェクトに参画する、また自ら立ち上げる機会は、ますます拡大していきます。その中で、世界の各種専門機関と発注─受託ではない「コレクティブな協働」が求められる場面も確実に増えていくでしょう。

(3)地域社会

急速な少子高齢化、地域コミュニティの希薄化、環境問題等、多くの課題が生じており、地域住民の生活スタイルやニーズもますます多様化していく中で、地域社会でも「ソーシャル・プロジェクト」の必要性は高まっています。

2018年には、特定非営利活動促進法（NPO法）の制定 / 施行の20周年を迎え、個々の専門・テーマを持つNPO/NGOの存在は社会に定着し、関わる人も増えてきました。ただ、待機児童問題、貧困問題、教育問題、地域の環境問題などの地域の問題はすべてつながっているにも関わらず、分野やテーマの縦割りになっていることも少なからずありました。しかし、問題に個別に取り組む「分断された解決策」の限界が見えてきています。多様な主体の連携・協働によって地域の社会システム全体を変えることで、問題の本質的な解決に挑むことが必要だという認識が広がっていくでしょう。これからはテーマ別の専門性が強みのNPO/NGOと、地域を包括的に扱う町会・自治会などの地縁組織は、同じ地域でも異種の存在として連携が弱かったのですが、両者の強みを持ち寄る連携はこれからの地域で重要になるでしょう。

それに加え、例えば地域の工場の突然の閉鎖など、地域社会にもグローバルな経済社会の状況が大きな影響を与える時代になっています。VUCAの時代、地域でも新しい、予想外の、不確実かつ予測不可能な状況が地域でも増えるでしょう。変化する地域課題に対して、従来の考え方や組織だけでは対応できず、外部の人や組織と共に動きながら、地域の伝統・文化と新しい発想・手法を学びあっていく社会的学習のプロセスは、これまで以上に大切になります。その時、個々を活かす“コレク

ティブな協働"を活かして、"複雑な問題"を地域全体で共有し、その解決を多く主体の参画によって取り組むことができれば、地域に新しいつながりが生まれ、より創造的なアプローチができ、地域の価値創造にもつながっていくでしょう。

(4) 教育現場

　これまでは授業内容重視の考え方が主流でしたが、近年では、「何ができるようになるか」、「何を学ぶか」、「どのように学ぶか」についての議論が深められています。とりわけ、「何ができるようになるか」については、(1) 生きて働く「知識・技能」の習得、(2) 未知の状況にも対応できる「思考力・判断力・表現力」の育成、(3) 学びを人生や社会に生かそうとする「学びに向きあう力・人間性」の涵養が重要であるとされ、「どのように学ぶか」については「主体的・対話的に深く学ぶこと」の重要性が指摘されています。そのような教育を実践する場として、ソーシャル・プロジェクトが活用できます。本書で指摘したようにコレクティブな協働には、主体性、対話性、学びの深さを重視する「社会的学習」が組み込まれています。小中高における地域連携や、大学等の高等教育機関における COC（Center of Community、地（知）の拠点整備事業）などを通して、教育機関がソーシャル・プロジェクトに参加することは、生徒や学生らにとって貴重な学習機会を生み出すことになるでしょう。その際、教師やコーディネーターには、地域の"複雑な問題"に挑むコレクティブな協働を実践できる力が不可欠です。

　また、これからの教育には、個々が一人で問題を解決できる力だけでなく、多様な人たちと協力して問題解決を進める力を育て、将来のソーシャル・プロジェクトの立ち上げや運営の担い手を増やすような地域人材の育成も求められるようになるでしょう。

おわりに —— 本質に向きあう、待ったなしの時代を迎えて…

　本書「ソーシャル・プロジェクトを成功に導く 12 ステップ」では、SDGs 時代の複雑な社会問題の解決に向けて、個々を活かすコレクティブな協働の重要性と、ソーシャル・プロジェクトの立ち上げとその実施における 12 のステップについて具体的に述べてきました。

　これまで社会変容に関する多くの議論がなされてきていますが、一番の問題は、いままでのスタンス（前提、捉え方、考え方、進め方）を変えないで、複雑な社会問題に挑もうとしていることです。近年直面している "複雑な問題" の解決には、これまで主流であった要素還元的、線形的な思考で、分野や担当に分けて問題解決に取り組む方法では通用しなくなっています。そこで、本書では、そもそもの前提、進め方に対する捉え方や考え方にこそシフトが必要であり、"社会変容に向けた自己変容" が重要であることを強調しています。

▌問題解決の考え方・進め方をシフトする

　本書各章では、複雑な社会問題に挑むために、どのようなシフトが大切かを軸にまとめています。

　第Ⅰ部では、複雑な社会問題に挑むソーシャル・プロジェクトに取り組む前提をまとめました。

　［第 1 章：ソーシャル・プロジェクトの成功の条件］では、"複雑な問題" "コレクティブ" などの基本的概念を紹介すると共に、単独で行う限界や協働でぶつかる壁を超えるため、動的で包括的な問題解決へとシフトする重要性を述べています。そのシフトの前提に SDGs に代表される世界の動きがあることも紹介しています。

　［第 2 章：コレクティブな協働へ］では、問題解決に関わる用語の定義をシフトすることの重要性を指摘しています。社会・地域の捉え方、問題の捉え方、問題が解決した姿、問題解決の進め方、協働、関係性の持ち方、担い手のあり方の定義のシフトを提案しています。「協働」という言葉は日本社会においても長く使われてきた古い用語です。しかしな

がら、今日の複雑な社会問題へ挑むには、社会や地域の捉え方、問題の捉え方、問題解決に関わる用語の定義のシフトをすることを通して、新しい「協働」を行う必要があります。

［第3章：コレクティブな協働を実践するための協働ガバナンス］では、協働ガバナンスを機能させるべく、構成要素、参加の誘発、循環型の協働プロセス、社会的学習、運営制度の設計、変化を促し成果につなぐチェンジ・エージェント機能の重要性について述べています。これらが必要なのは、協働に求められることが、投入（Input）と活動結果（Output）に止まらず、成果（Outcome）や社会システムへの影響（Impact）まで広がったこと、また、問題の理解や解決策の深まりや構成員間の関係性の深まり、それがもたらす担い手やプロジェクトの成長などプロセスの中で生まれること（Throughput）にまで広がっているからです。

第Ⅱ部では、ソーシャル・プロジェクトの進め方を12のステップに分けてまとめました。すべてのステップで、「ぶつかりやすい壁」、「協働の考え方のシフト」、「このステップで実践・確認すること」から、どう考え方や進め方をシフトするといいか、まとめました。

［第4章：問題解決の前提を整える協働］では、問題解決に取り組む前に、問題の理解を深める、問題解決のビジョンを考える段階から協働が必要になっていること、また、見落とされがちだった協働を始める前の変容の準備に注目しています。［第5章：問題解決の運営基盤を整える協働］では、協働のパートナーの発見から始まり、計画策定、運営制度整備というプロジェクトの基盤づくりの視点のシフトをまとめました。［第6章：問題解決の推進力を強化する協働］では、協働を活性化し、Throughputを高めるために必要な場づくり、社会的学習、中間支援の使いこなし方をまとめています。［第7章：成果を生み出し、定着させる協働］では、資金や人材の確保、評価、そしてプロジェクトの出口といえる政策化、制度化までを視野に入れるために必要なことをまとめています。

▌今は、本質に向きあう、待ったなしの時

本書で提示した社会問題解決や社会的な価値創造の取り組み方のシフトは、世界的な開発観の歴史的変遷を踏まえたものということができま

す。

　第二次世界大戦後の 1940 年代から 1950 年代においては、「経済成長が社会変化を促す」という考え方の下、経済開発重視の政策が世界的に採用されてきました。「成長、資本、生産、トリクルダウン（富める者が富めば貧しい者も利益を得る）」といったキーワードと共に、地域づくり、人づくりにおいても経済成長が優先されてきました。1960 年代からは、人的投資が経済成長の先行条件として位置づけられますが、「経済成長」が目標であることには変わりはありませんでした。1970 年代を迎え、ベーシック・ヒューマン・ニーズ（BHN）の充足を図るべく、「社会開発アプローチ」として、農村開発や再分配の議論が深められた時代がありました。1990 年代からは、地球環境問題の深刻化に伴い「持続可能な開発」が提起されると共に、経済、社会を支える「人間開発アプローチ」という言葉が使われ始め、地球環境問題への配慮と、人間中心の理念に基づく教育・能力開発の重要性が、環境収容力、万人のための教育（EFA）やジェンダー、文化、貧困解消、などのキーワードと共に認識されるようになりました。

　このような開発観の変遷を踏まえて、SDGs は 2015 年に国連において議決されました。SDGs は、「先進国と途上国における普遍的な目標」、「誰ひとり取り残さない」という言葉からもわかるように、単なる開発目標としての文脈を超えて、いままで別々に行われきた取組みを、多様な問題を関連づけ（統合的）、直面する問題や課題を捉え直し（批判的）、グローカルな文脈で意味付け（文脈的）、関わる個人、組織、社会、ガバナンスの変容を促す（変容的）ことを求めています。SDGs には 17 のゴールがありますが、それぞれを別の物と考え、個別に対応する古いパラダイムでの捉え方ではなく、社会構造を持続可能なものにシフトすることで全体を解決する新しいパラダイムに基づく発想や動きが期待されています。

　このような流れがあるからこそ、私たちは SDGs の時代に、社会問題に取り組むには、コレクティブな協働によって社会全体の問題対応力を高める（結合的ケイパビリティを高める）解決法が必要だと考えています。SDGs は、そのような新しいパラダイムにシフトするしか、人類の存続がない時代になったことを示しています。

もはや、本質に向きあう、待ったなしの時代を迎えているのです。

ソーシャル・プロジェクトを始めよう!

このように世界の動きは新しいパラダイムを加速させていますが、この新しいパラダイムを活かし、ソーシャル・プロジェクトに参画することで、それぞれのセクターにとって大きなメリットも生まれると私たちは考えています。

これまで社会問題への取組みの中心的な役割を果たしていた政府・自治体にとって、多様化、複雑化する問題に対応するための財源が厳しくなる中で、力も知恵もお金も持ち寄るコレクティブな協働は、地域全体の問題解決と住民毎の個別対応を同時に加速させる大きな力となるでしょう。

企業は、問題の探求過程を通してより深い社会のニーズを知ることができます。また多様な主体と試行錯誤することで、新しい解決策への素早いフィードバックを得ることができ、新市場にいち早く対応できるようになるでしょう。

地域社会は身近な課題に、企業やNPO、行政などが持つ豊富なリソースを活用できることで、地域で困っている人をより多く、より効果的に助けることができるでしょう。

NPO/NGOは、問題意識や活動の意味を幅広い人たちと共有でき、活動の目標達成に必要なリソースを集めることができるでしょう。

学校をはじめとする教育機関は地域連携を進めることで、生徒・学生が新しい時代に対応した学びの機会が増えると共に、専門的知見を社会に役立てることで、社会からの信頼を高めることができるでしょう。

このようなメリットが生まれるのは、コレクティブな協働には社会的学習の機能が組み込まれていて、個人の成長、組織の成長、社会・地域の成長を促すことができるからです。全員で問題解決に取り組むことで、全員が一歩先に進める。それがソーシャル・プロジェクトの意味です。だからこそ、誰が始めても、誰がいつから参画してもいいのです。

待ったなしの時代は来ています。ソーシャル・プロジェクトを始めませんか?

謝辞

　本書の制作は、数多くの方の協力があって実現しました。「環境省地域活性化に向けた協働取組の加速化事業」の関係者のみなさん、文京ソーシャル・イノベーションに関わったみなさん、エンパブリックのスタッフや講座受講生のみなさんから多数の示唆をいただき、その多くが本書の内容に反映されています。守屋雅子さんにはご自身が行政で協働事業を担当された経験を活かして編集や内容確認にご協力いただきました。書籍プロデューサーの吉田克己さんには相談にのっていただき、時間の限られた中で編集・制作作業にもご協力いただきました。みくに出版の安修平社長には企画段階から何度も相談にのっていただき、出版に向けてご尽力いただきました。その他、筆者らの活動をご支援いただいている書ききれない多数の方のご協力、ご尽力がなければ、本書は生まれなかったでしょう。みなさまに厚く御礼を申し上げます。

　最後に執筆にあたって、筆者2人の家族、同僚、仲間の理解と支援に心から感謝を申し上げます。

2018年4月
佐藤真久　広石拓司

参考文献

1. 協働, 協働ガバナンス

- Ansell, C., & Gash, A., 2008, Collaborative Governance in Theory and Practice. Journal of Public Administration Research and Theory, 18（4）：543-571.
- Havelock, R. G., & with Zlotolow, S., 1995, The Change Agent's Guide （2nd edition）, New Jersey: Education Technology Publications, Inc.
- Rogers, E. M., 1995, Diffusion of Innovation (Fourth Edition), Free Press, New York, USA.
- GEOC, 2016,『協働の現場−地域をつなげる環境課題からのアプローチ』
- GEOC, 2017,『協働の設計−環境課題に立ち向かう場のデザイン』
- GEOC, 2018,『協働の仕組−環境課題と地域を見直す取組のプロデュース』
- 「協働の強化書」研究会, 2007,『協働の強化書−NPOと行政・企業との協働を強化するために』, せんだい・みやぎNPOセンター.
- 奥田知志・稲月正・垣田裕介・堤圭史郎, 2014,『生活困窮者への伴走型支援−経済的困窮と社会的孤立に対応するトータルサポート』, 明石書店.
- 環境省地域活性化に向けた協働取組の加速化事業成果とりまとめタスクフォース, 2018,『環境保全からの政策協働ガイド−協働をすすめたい行政職員にむけて』
- 宮内泰介（編）, 2013,『なぜ環境保全はうまくいかないのか：現場から考える「順応的ガバナンス」の可能性』, 東京：新泉社.
- 宮内泰介（編）, 2017,『どうすれば環境保全はうまくいくのか：現場から考える「順応的ガバナンス」の進め方』, 東京：新泉社.
- 原科幸彦（編）, 2005,『市民参加と合意形成−都市と環境の計画づくり』, 学芸出版社.
- 国際協力機構企画評価部評価監理室, 2004,『プロジェクト評価の実践的手法−JICA事業評価ガイドライン改訂版』
- 佐藤真久, 2012, 2013, 2014,『環境教育実践・施設・環境人材等の環境資源の有機的連携のための俯瞰的マップづくり』, 川崎市環境技術産学公民連携公募型共同研究事業（研究代表：佐藤真久）, 東京都市大学.
- 佐藤真久, 2014,『平成25年度地域活性化を担う環境保全活動の協働取組推進事業−［プロジェクト・マネジメントの評価］と［中間支援組織の機能と役割］に焦点をおいて−』, 最終報告書, 環境省事業,（研究代表：佐藤真久）, 東京都市大学.
- 佐藤真久, 2015, 2016, 2017,『環境省地域活性化に向けた協働取組の加速化事業』, 最終報告書, 環境省事業,（研究代表：佐藤真久）, 東京都市大学.
- 佐藤真久・吉川まみ・広瀬健二・関根昌幸・吉川サナエ・深堀孝博・遠藤亜紀, 2013,「川崎市"環境諸資源"の共有による協働と連携−川崎市内の環境教育関連団体の協働・連携アプローチ等の類似性に基づく「俯瞰的マップ」の開発を通して」
- 島岡未来子・佐藤真久, 2014,「企業・行政・NPO間の協働における中間支援組織の役割と機能−川崎市産業・環境創造リエゾンセンターを事例として」,『早稲田国際経営研究』, 早稲田大学WBS研究センター, 45：169-183.
- 佐藤真久・島岡未来子, 2016,「「協働を通した環境教育」の推進にむけたコーディネーション機能の検討−NPO法人アクト川崎とNPO法人産業・環境創造リエゾンセンターの機能比較に基づいて−」,『環境教育』, 日本環境教育学会, 61（25-3）：15-26.
- 佐藤徹・高橋秀行・増原直樹・森賢三, 2005,『新説 市民参加−その理論と実際』, 公人

社.

- 小田切康, 2013, 「NPOと官民協働－被災者および避難者支援の取組から」, 桜井政成（編）『東日本大震災とNPO・ボランティア:市民の力はいかにして立ち現れたか』, 京都: ミネルヴァ書房, 89-106.
- 小島広光・平本健太（編）, 2011, 『戦略的協働の本質：NPO, 政府, 企業の価値創造』, 東京：有斐閣.
- 人と組織と地球のための国際研究所『NPOマネジメント』, 2000.5号「行政とのパートナーシップ」, 2001.11号「シナジーを生む協働へ」, 2002.19号「新しい協働は進んだか」, 2002.17号「人的資源を集め協働推進の核に」, 2003.23号「協働のあとは確認されたか」, 2003.26号「協働を深めるプロセス」, 2006.46号「協働を生み、育てるプロセス－協働の基礎を再確認する」, 2007.48号「協働を生み、育てるプロセス－行政の役割（1）協働の基盤を整える」, 2007.49号「協働を生み、育てるプロセス－行政の役割（2）各課で協働の現場をつくる」, 2007.52号「行政による協働の制度化は進んだが、市民とともにしくみを育てる動きは深まらず」, 2010.69号「行政とNPOとの協働を加速するために－行政との協働を進めるしくみづくり」, 2010.70号「地域の総力をふりしぼって、くらしと安心を守るために－協働から総動へ」
- 内海成治, 2001, 『国際教育協力論』, 世界思想社, 17-91.
- 原田晃樹, 2010, 藤井敦史, 松井真理子（編）, 『NPO再構築への道：パートナーシップを支える仕組み』, 東京：勁草書房.
- 特定非営利活動法人シーズ・市民活動を支える制度をつくる会, 2011, 『はじめよう 市民のアドボカシー－環境NPOの戦略的問題提起から解決まで－こうやっています！［工程編］［事例編］』

2. ソーシャル・イノベーション

- Anheier, H. K., & List, R. A., 2005, A Dictionary of Civil Society, Philanthropy and Third Sector. London: Routledge.
- OPM / Compass Partnership, 2004, Working towards an Infrastructure Strategy for Working with the Voluntary and Community Sector. OPM and Compass Partnership.
- レスリー・R・クラッチフィールド, ヘザー・マクラウド・グラント（著）, 服部優子（翻訳）, 2012, 『世界を変える偉大なNPOの条件――圧倒的な影響力を発揮している組織が実践する6つの原則』, ダイヤモンド社.
- 玉村雅敏（編）, 2016, 『ソーシャルパワーの時代 「つながりのチカラ」が革新する企業と地域の価値共創（CSV）戦略』, 産学社.
- マーク・J・エプスタイン, クリスティ・ユーザス, 鵜尾雅隆, 鴨崎貴泰（著）, 松本裕翻（訳）, 2015, 『社会的インパクトとは何か － 社会変革のための投資・評価・事業戦略ガイド』, 英治出版.
- アダム・カヘン, 小田理一郎（著）, 東出顕子（翻訳）, 2014, 『社会変革のシナリオ・プランニング － 対立を乗り越え、ともに難題を解決する』, 英治出版.

3. コレクティブインパクト

- John Kania & Mark Kramer, 2011, Collective Impact, Stanford Social Innovation Review 2011 Winter
- Understanding The Value of Backbone Organizations in Collective Impact, Stanford Social Innovation Review July 2012
- Collective Insights on Collective Impact Stanford Social Innovation Review 2014 fall
- COLLECTIVE IMPACT FORUM （http://collectiveimpactforum.org/）

参考文献 189

- FSG （https://www.fsg.org/）
- Center for Community Health and Development at the University of Kansas, Community tool box https://ctb.ku.edu/en
- エンパブリック（編），2016，「コレクティブインパクト」『地産知縁 Vol.5 readiness for 2025』，エンパブリック, 16-21.

4. 社会的学習

- Bandura, A., 1977, Social Learning Theory. Oxford: Prentice-Hall.
- Didham, R. J., & Ofei-Manu, P. （n.d.），Social Learning for Sustainability: Advancing community-based inquiry and collaborative learning for sustainable lifestyles. In V. W. Thoresen, R. J. Didham, J. Klein, & D. Declan （Eds.），Responsible Living-- Concepts, Education and Future Perspectives. Heidelberg: Springer.
- Holden, M., Esfahani, A. H., & Scerri, A., 2014, Facilitated and emergent social learning in sustainable urban redevelopment: exposing a mismatch and moving towards convergence. Urban Research & Practice, 7 （1）:1-19. doi:10.1080/17535069.2014.885735
- Kolb, D. A., 1984, Experiential Learning: Experience as the source of learning and development. New Jersey: Prentice-Hall.
- Lave, J., & Wenger, E., 1991, Situated Learning: Legitimate peripheral participation. Cambridge: Cambridge University Press.
- McCarthy, T., 1994, The Critique of Impure Reason: Foucault and the Frankfurt School. In M. Kelly （Ed.），Critique and Power: Recasting the Foucault / Habermas debate. London: MIT Press.
- Pahl-Wostl, C., Sendzimir, J., Jeffrey, P., Aerts, J., & Berkamp, G., 2007, Managing Change toward Adaptive water Management through Social Learning. Ecology and Society, 12 （2）:1-18.
- Wals, A. E. J., & van der Leij, T., 2009, Introduction. In A. E. J. Wals （Ed.），Social Learning: Towards a sustainable world （pp.17-32）. Wageningen: Wageningen Academic Publishers.
- Wang, C. L., & Ahmed, P. K., 2002, A Review of the Concept of Organisational Learning （No. WP004/02）（p. 19），Wolverhampton.
- Wegner, E., 1998, Communities of Practice: Learning, meaning, and identity, Cambridge: Cambridge University Press.
- 佐藤真久・DidhamRobert，2016，「環境管理と持続可能な開発のための協働ガバナンス・プロセスへの「社会的学習（第三学派）」の適用にむけた理論的考察」，『共生科学』，日本共生科学会, 7：1-19.
- ピーター・M・センゲ，枝廣淳子ら（翻訳），2011，『学習する組織 ― システム思考で未来を創造する』，英治出版.
- エンパブリック（編），2016，「ソーシャルラーニング」『地産知縁 Vol.5 readiness for 2025』，エンパブリック, 16-21.

5. 結合的ケイパビリティ

- Andreasen, 2002, Marketing Social Marketing in Social Change Marketplace, Journal of Public Policy and Marketing, l:21-1
- HM Government, 2005, Securing the Future: Delivering UK sustainable development strategy. DEFRA.
- Nussbaum, Matha. C., 2000, Women and Human Development, the Capability Approach,

Cambridge University Press. （邦題）『女性と人間開発』, マーサ・C・ヌスバウム, 池本幸生・田口さつき・坪井ひろみ（訳）, 2005, 岩波書店.

- Tyson, ed., 2006, Policy Instruments for Resource Efficiency: Towards Sustainable Consumption and Production, Deutsche Gesellschaft für Technische Zusammenarbeit （GTZ）.
- UN-DESA, 2009, Sustainable Lifestyles and Education for Sustainable Consumption.
- 佐藤真久・深堀孝博・豊田咲・荻原朗・中原秀樹・井村秀文, 2013, 「機動力連関モデルに基づく低炭素社会構築にむけたライフスタイルの選択・転換」, 『エネルギー環境教育研究』, 日本エネルギー環境教育学会, 8 (1)：39-46.

6. 持続可能な開発目標（SDGs）

- 国連広報センター, 『2030アジェンダ』 （http://www.unic.or.jp/activities/economic_social_development/sustainable_development/2030agenda/）
- United Nations, 『Sustainable Development Goals website』, (http://www.un.org/sustainabledevelopment/)
- 佐藤真久・田代直幸・蟹江憲史 (編), 2017, 『SDGsと環境教育－地球資源制約の視座と持続可能な開発目標のための学び』, 学文社.
- 田中治彦・三宅隆史・湯本浩之 (編), 2016, 『SDGsと開発教育－持続可能な開発目標のための学び』, 学文社.
- 蟹江憲史 (著), 2017, 『持続可能な開発目標とは何か：2030年へ向けた変革のアジェンダ』, ミネルヴァ書房.

7. 問題解決・変化促進

- C・オットー・シャーマー (著), 中土井僚ら (翻訳), 2010, 『U理論－過去や偏見にとらわれず, 本当に必要な「変化」を生み出す技術』, 英治出版.
- ビル・トルバート (著), 小田理一郎ら (翻訳), 2016, 『行動探求 ― 個人・チーム・組織の変容をもたらすリーダーシップ』, 英治出版,
- フィリップ・コトラー, ヘルマワン・カルタジャヤ, イワン・セティアワン (著), 恩藏直人ら (翻訳), 2017, 『コトラーのマーケティング4.0 スマートフォン時代の究極法則』, 朝日新聞出版.
- エイミー・C・エドモンドソン (著), 野津智子ら (翻訳), 『チームが機能するとはどういうことか ― 「学習力」と「実行力」を高める実践アプローチ』, 英治出版.
- ジョン・D・スターマン (著), 枝廣淳子ら (翻訳), 1009, 『システム思考―複雑な問題の解決技法』, 東洋経済新報社.
- ドネラ・H・メドウズ (著), 枝廣淳子ら翻訳, 2015, 『世界はシステムで動く ― いま起きていることの本質をつかむ考え方』
- ロバート・キーガン, リサ・ラスコウ・レイヒー (著), 2013, 池村千秋 (翻訳), 『なぜ人と組織は変われないのか ― ハーバード流 自己変革の理論と実践』, 英治出版.
- 帚木蓬生 (著), 2017, 『ネガティブ・ケイパビリティ 答えの出ない事態に耐える力』, (朝日選書), 朝日新聞出版.

著者紹介

佐藤真久 (さとう・まさひさ)

東京都市大学大学院 環境情報学研究科 教授

1972年生まれ、東京都出身。筑波大学生物学類卒業、同大学院修士課程環境科学研究科修了、英国国立サルフォード大学にてPh.D取得（2002年）。地球環境戦略研究機関（IGES）の第一・二期戦略研究プロジェクト研究員（環境教育・能力開発）、ユネスコ・アジア文化センター（ACCU）のシニア・プログラム・スペシャリスト（国際教育協力）を経て、現職。現在、ESD円卓会議委員、東南アジア教育大臣機構（SEAMEO）－JAPAN ESDアワード選考委員、UNESCO未来共創プラットフォーム座長などを務める。

「国連・ESDの10年」（DESD）ジャパンレポートの有識者会議座長、アジア太平洋地域ESD国連組織間諮問委員会テクニカル・オフィサー、国連大学サステイナビリティ高等研究所客員教授、北京師範大学客員教授、環境省・協働取組推進事業／加速化事業委員長、環境省・SDGsを活用した地域の環境課題と社会課題を同時解決するための民間活動支援事業委員長、などを歴任。

今日では、国際的な環境・教育協力の他、協働ガバナンス、社会的学習、中間支援機能などの地域マネジメント、組織論、学習・教育論の連関に関する研究を進めている。

『SDGs時代のESDと社会的レジリエンス』（編著，筑波書房，2020）、『協働ガバナンスと中間支援機能』（共著，筑波書房，2020）、『SDGs人材からソーシャル・プロジェクトの担い手へ』（共著，みくに出版，2020）、『環境教育と開発教育－実践的統一への展望』（編著，筑波書房，2014）、『持続可能な開発のための教育－ESD入門』（編著，筑波書房，2012）など多数。

広石拓司 (ひろいし・たくじ)

株式会社エンパブリック 代表取締役

1968年生まれ、大阪市出身。東京大学大学院薬学系修士課程修了。シンクタンク（三和総合研究所（現・三菱UFJリサーチ＆コンサルティング））勤務後、2001年よりNPO法人ETIC.において社会起業家の育成に携わる。2008年株式会社エンパブリックを創業。「思いのある誰もが動き出せ、新しい仕事を生み出せる社会」を目指し、地域・組織の人たちが知恵と力を持ち寄って仕事づくりを進めるための実践支援プログラムを開発・提供している。文京ソーシャルイノベーション・プラットフォーム、ちよだコミュニティラボなど自治体との協働によるソーシャル・プロジェクトが生まれる基盤づくり、企業のコミュニティ力向上プログラムなど、計画・ビジョンの策定、コンサルティングから、場づくり、プロジェクト立ち上げ支援まで一貫したプログラムを提供している。受託案件、自社の根津スタジオなどで、年200本のワークショップを実施。『あなたの経験をみんなの学びに　共に考える講座のつくり方』（エンパブリック）、日経Bizアカデミー連載「ソーシャルビジネスが拓く新しい働き方と市場」など執筆多数。慶應義塾大学総合政策学部、立教大学経営学部、立教大学大学院21世紀社会デザイン研究科などの非常勤講師も務める。

▶http://empublic.jp/

ソーシャル・プロジェクトを成功に導く12ステップ
コレクティブな協働なら解決できる! SDGs時代の複雑な社会問題

2018年 6月20日　初版第1刷発行
2021年10月 4日　　　第3刷発行

著　者　　佐藤 真久　広石 拓司

発行者　　福村 徹

発　行　　株式会社みくに出版

　　　　　〒150-0021　東京都渋谷区恵比寿西2-3-14
　　　　　電話03-3770-6930　FAX.03-3770-6931
　　　　　http://www.mikuni-webshop.com

編集協力　　吉田 克己

カバーデザイン　　クールインク（山中俊幸）

印刷・製本　　サンエー印刷

ISBN978-4-8403-0715-4　C0036
©2018 Masahisa Sato, Takuji Hiroishi　Printed in Japan
定価はカバーに表示してあります。